Namasia
那瑪夏全區圖
嘉義縣
曾文溪
達卡努瓦里
瑪雅里
南沙魯里
茶山
楠梓仙溪
那次蘭溪
曲積山
那多羅溪
世紀大峽谷
紅花子
老人溪
高雄市
桃源區
美麗的那瑪夏
族群融合
高雄市
甲仙區

達卡努瓦里
Takanua
溪
楠梓仙溪
瑪星哈蘭人行景觀橋
民生國小
那瑪夏行政中心
花見咖啡
神社
秀嶺巷
西那商店
文雄の家
民生教會
達卡努瓦橋
德恩橋
達卡努瓦溪
(五權溪)

來自高山上的堅韌與溫柔

看見
那瑪夏

NAMASIA

高雄第一社區大學自然生態社——著

出版緣起

看見學習的公民社會力

張金玉

近年終身學習的概念普及，「學習」這個字眼跳脫體制教育的學習有了新的意義。學習自此以後沒有年齡的階段性，沒有空間的限制性，學習成為一種精神。具有這樣的學習精神，時時可學、處處可學。

社區大學運動所標舉的學習精神更進一步，我們認為「學習」除了是一種精神，更是素養。社區大學推動的學習促進，建立在學習處境上的近身性、日常性與集體性，透過行動實踐深化學習的深度與影響，也就是說，學習是為了連結自身與公共領域生活所發展出來的過程，藉由這樣的過程，提升學習者成為具有公共生活覺察力與行動力的公民，這樣的學習概念與發展，即是社區大學運動重要的學習素養實踐，促進以學習回應地方與集體處境，因此形塑社區大學與眾不同的辦學觀。自一九九八年以來，社區大學運動在臺灣各地蓬勃發展，全面性發展出極具本土價值的民眾學習與社會實踐的連結經驗，如果說臺灣社會近二十五年來的公民社會力展現，社區大學運動絕對是其中最重要的經驗之一。

基於區域辦學的特殊性，全國的社區大學涉入地方的實踐經驗最為普遍，也因此形成個別社區大學辦學的差異性與特殊性，所以，如果你到台北的社區大學選課，和到高雄的社區大學選課，一定會看到不同的焦點內容；同樣的，到城市區域的社區大學選課，或是到農村的社區大學選課，也會體驗到差異性極大的課程內容。各地社區大學接地氣的辦學，無形中記錄著臺灣最為完整的民眾生活樣貌與文化，以及整體環境的現況，形成了庶民詮釋臺灣樣貌最具體的方式。《看見那瑪夏》一書，便是一群來自高雄市第一社區大學自然生態社學習的庶民，他們用腳記錄著臺灣，也用心和手詮釋著臺灣的生活文化。

「那瑪夏」是高雄市的一個原鄉行政區，是八八風災的重災區，經過十年的重建，逐步展開區域的新生命。這樣一個位於高山的行政區和在城市端辦學的第一社區大學能連結在一起，因緣於自然生態社對高屏溪流域的關注。「那瑪夏」位於高屏溪支流之一楠梓仙溪的源頭，在阿里山山脈與玉山山脈之間，是自然生態社「3952~0生命大河：高屏溪走讀計畫」第七個年頭的踏查區域。這個計畫自二〇一五年開始，從高屏溪源頭玉山山頂（海拔三九五二公尺）到出海口（海拔零公尺），針對高屏溪流經的區域逐一踏查、訪調及記錄，最後並書寫記錄集結成冊。多年來，從林園、大寮、大樹、旗山、杉林、甲仙，到那瑪夏，每一個行政區域，經過田野尋訪與調查後，將記錄之書寫編輯成冊，以電子書方式呈現，藉之提供民眾有機會了解高屏溪流域的人文、歷史、環境、生態。八年的踏查未因疫情而中斷，社員們在王春智老師的帶領下，運用最為素樸的踏查方式，走訪地方，在區域的每一個角落與地方人連結。從流域環境、人、生活文化，再到歷史痕跡，如此將地方的日常，以及逐漸消頹，與被遺忘的片段，連結起來也具體化起來。

高屏溪是高雄的母親河，為高雄地區飲用水來源的主要河川，也是全台流域面積最大的河川，沿線生態豐富，可惜因工業發展，自然環境屢遭破壞。「3952～0生命大河：高屏溪走讀計畫」期望藉由踏查記錄、出版與各項地方走讀活動的舉辦，連結民眾對這條母親河的認識；從污染最嚴重的林園河口處開始，直到水源清澈的高山原鄉之地，提升民眾對於水資源的維護與使用意識，同時促進民眾對溪河之於人類生活的文化面、資源面與環境面的了解。

本書出版之前，得知有關那瑪夏的資料極為缺乏，因此《看見那瑪夏》的出版，除了是第一社區大學自然生態社「3952～0生命大河：高屏溪走讀計畫」對地方生活文化與環境做出貢獻之外，也是這個計畫已經完成的地方踏查全面出版的開啟。更重要的是，這一系列的成果是由庶民從學習啟動，從近身之處的環境開展關注，並以集體行動實踐對地方關注的達成。當您翻閱《看見那瑪夏》的過程當中，希望也能夠看到臺灣社會最動人的場景，那就是有一群人在社區大學的學習，成就創造公民社會力的發展，以及可能達成的社會改變與進步的過程。

＊本文作者為高雄市第一社區大學校長

推薦序

大河探索的美好相遇

張正揚

在高雄市旗美社區大學（以下稱「旗美社大」）成立的二〇〇一年的第一個學期，王春智老師就和洪田浚老師等人，受邀在旗美社大的前身「高雄縣社區大學」（後稱「旗美社大」），於鳳山分班開設「古道、生態、原住民──生命之河高屏溪的故事」課程。今年，王春智老師在高雄市第一社區大學（以下稱「第一社大」）所指導的「自然生態社」，要將社團師生對於那瑪夏的訪查書寫，出版成冊。對於南方大河，二十多年的持續關注，終於要以集體結晶的方式，呈現於世人眼前，這彷彿是一個極大的驚喜，但又存在某種必然。

第一社大的前身新興社大（於二〇〇八年始改為「第一社大」，為求一致，後皆稱「第一社大」），早旗美社大一年成立，在更早的兩千年秋季班，第一社大也邀請了洪田浚和王春智老師開設類似課程；如同在旗美社大，課程由更資深的洪老師規劃安排，王老師是一個初入此領域的協力角色。我詢問王老師當初是如何進入此一領域的？王老師回說，約莫是在第一社大開課前兩、三年，參加了新希望文教基金會辦理的古道踏查活動，啟發了對於大河生態以及原住民文化的興趣，從此開始四方走踏，持續鑽研迄今。

二〇〇三年，高雄縣增設鳳山和岡山區社區大學，旗美社大回歸經營旗美九鄉鎮學區，同年，第一社大的課程開設滿三年，剛好達到可以轉成社團課程門檻，洪老師另有生涯規劃，順勢交棒給王老師，洪老師在旗美社大的課程，則交給其他的老師。王老師接下擔子，帶著社團學員下河上山，探索高屏溪的生態與人文。二十年來，「自然生態社」的學員更替過好幾輪，原有的學員逐漸退出，但是新血持續加入，有兩名學員，從一開始參與到了現在；最重要的是，王老師繼續指導。

二〇一五年，「自然生態社」選擇了楠梓仙溪，從林園開始，一路往上溯及大寮、大樹和旗山，來到旗山，就進入了旗美社大的學區；然後杉林、甲仙，最後來到那瑪夏。於是，過了十幾年，王老師和「自然生態社」，又和旗美社大相遇了。

因為對山林、大河及原民文化的喜好而相遇，是一件多麼美好的事！

這幾年，我個人開始行山，頻繁地行走於各種郊山；社大工作上，團隊則開始更有意識地推出溯溪和爬山的課程，例如「我們與溪的距離」、「與山同行」，原來於茂林開設的「獵人學校」則持續進行，在課程之外，更有「湯姆生馬雅各線性遺產」，以及那瑪夏生態旅遊的推動工作，這些工作都和「自然生態社」的關注旨趣高度相關。因為這些發展，於是我們更有機會遇到，在旗美社大於那瑪夏辦理的「山徑記錄工作坊」、「走一條回家的路——卡那卡那富文化探索」，以及「山徑手作培訓」等活動，王老師和「自然生態社」的學員皆積極參與。於是我們不斷地因為楠梓仙溪、沿著楠梓仙溪，交會再交會。

「自然生態社」的師生們透過踏查，認識大河生態，以及依賴大河生存的各族群人民。在滿足自我的探索，完成自我對於大河文明認識的同時，也透過詳實反覆的訪調和書寫，從林園開始，以鄉鎮區為單位，每個學期為「楠梓仙溪–高屏溪」流域的一個鄉鎮區，留下記錄予後人參考，展現了社大學習的公共性。由於紙本出版需要考慮內容和成本等更多事項，因此這些記錄均以電子書的方式呈現，並開放下載。

在進入杉林區時，適逢於杉林圖書館任內退休的林靜莉主任加入，靜莉主任退休後仍居住於旗美地區，並且持續關注旗美地方的生態和文史發展。隨著踏查和訪調能力的累積精進，以及原本就和楠梓仙溪上游有地緣關係的學員參與，大家在訪調的過程，開始有一種更深入挖掘的自覺，對於寫出的記錄也有更充足的自信；當「自然生態社」的「楠梓仙溪–高屏溪」大河溯源，來到最後一站那瑪夏時，眾人決定紙本出版。因為是第一次，原先只想著簡單出版，但在靜莉主任穿針引線下，促成了《看見那瑪夏》在「商周出版」。

那瑪夏是旗美社大的學區，在二〇〇一成立的第一年，旗美社大即於此地開設「布農族isbukun語音符號系統及構詞」課程，講師正是出現於書中的詩人卜袞（Bukun）。莫拉克颱風來襲，重創那瑪夏地區，災後旗美社大投入高雄災區重建工作者的陪伴與培力工作，以一種新的方式和那瑪夏互動；及至最近於屏東林管處支持下，旗美社大再度投入那瑪夏的生態旅遊促進工作，繼續與那瑪夏同行。在不斷爬梳那瑪夏相關資料、訪談翁博學等在地耆老、感動於滿園的螢火蟲，以及走踏曲積山之時，看見過程所遭遇的風土和人物，不斷出現於書中，又是一種相遇。

那瑪夏地處偏遠，在阿里山和茂林國家風景區的交接處，但又不屬於兩者。在多年的自主發展中，創造和保留了許多文化與生態特色，例如臺灣第一個溪流保護區，以及卡那卡那富族的河祭。《看見那瑪夏》一書包含人物、文化、生態和民生等內容，就那瑪夏的風土進行特色書寫，就人物進行深度訪記，配以生動的圖片，讀起來活靈活現，令人回味無窮，成了極好的那瑪夏入門書籍。

「自然生態社」的「楠梓仙溪—高屏溪」大河探索，在那瑪夏以《看見那瑪夏》做為結束，是一個無法再更好的美好結果。

*本文作者為高雄市旗美社區大學校長

目錄

出版緣起　看見學習的公民社會力　張金玉校長　5

推薦序　大河探索的美好相遇　張正揚校長　8

前言　Namasia－那瑪夏溪的事　16

那瑪夏詩篇 一　祖靈之歌

1 住在麻竹很多的地方——卡那卡那富族神話傳說　26

起源與射日傳說／大洪水傳說／名為Namasia那瑪夏的由來
小米種子傳說／'Usu（烏素）的Cina Cuma（基那祖媽）之歌
穿山甲救人的傳說／鳥占傳說／夢占傳說

2 拉蒙岸的葫蘆與陶鍋——布農族的神話傳說　44

布農創世傳說——葫蘆與陶鍋是人類始祖／滅世洪水與取火神鳥
太陽變成月亮巨人／充滿玄想的小矮人傳說／愛護並敬重癩蛤蟆
布農人的鳥占傳說／打噴嚏、放屁的禁忌／布農族的八部合音

3 秋涼小米豐收——米貢祭 mikong　62

米貢祭主要的祭儀流程

④ 敬天愛地——河祭 Kaisisi Cakuran 72
以活動紀實的河祭敘事／傳統文化與禁忌

⑤ 布農族年度盛典——射耳祭 Malahtangia 81

那瑪夏詩篇 二

取火的人

① 詩人與獵人——布農族詩人卜袞 Bukun 90
為愛朗讀／詩集《山棕月影》與《太陽迴旋的地方》
詩的二三事——煙斗與肚臍／狩獵文化

② 陶藝家海舒兒李文廣 105
從退休警察到陶藝家／那瑪夏陶風采／展現布農魂

③ 帶著使命的海舒兒朱文華 114
在千頭萬緒的混亂中成為救災領袖／父親的布農魂與信仰的教誨
銀寶布農文化工作室／從長老的作品認識布農族／中流砥柱的使命感
以海舒兒之名守護布農的人

④ 如海碧斯 haipis 一般 123
李文廣的風災經歷／秀蘭商店阿桃阿嬤的大愛／家扶基金會的一路扶持

那瑪夏詩篇 三

山水遊記

1 美麗線條交織的那瑪夏 136

楠梓仙溪上十四座彩色鋼橋／溪流應正名為「Namasia–那瑪夏溪」

2 達卡努瓦 Takanua 風情畫 147

大光教會和瑪星哈蘭橋／守護族人的千年牛樟神木／達卡努瓦神社遺址

馬賽克磁磚拼貼的秀嶺巷／西那（Sina）雜貨店與民生教堂／達卡努瓦溪谷豐富生態

3 溪流中的綠寶「水綿」 161

4 「火金姑」編織地表上的星空 164

在林間跳舞的綠精靈／達卡努瓦星螢大道

5 誘人前來的那瑪夏農特產 169

那瑪夏詩篇 四

高山上人家

1 扎扎瓦與昂布樂格 176

capcavua 扎扎瓦食物包／'ʉmpʉrʉkʉ 昂布樂格分享包

② 拉阿魯哇的 Va-Nau 曾麗蘭 184
投入部落的醫療照護服務／打造瑪那灣休閒山莊
莫拉克八八風災創傷／再度感到呼吸的重生
③ 深山裡的溫情加油站 191

那瑪夏詩篇 五 抵達島嶼生態樂園

① 驚豔玉山國家公園 200
② 走向 chigi－曲積山 206
宛如一座開放式自然生態博物館

後記 三九五二～〇的生命大河——高屏溪流域踏查與書寫行動的初心與期待 216
附錄 那瑪夏生態與民族植物、動物、魚類之學名／卡那卡那富族名／布農族名彙整 218
參考資料 226
那瑪夏風情繪圖集錦 236

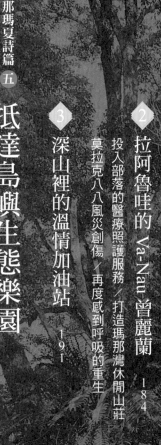

前言

Namasia－那瑪夏溪的事

◆三九五二～〇的奔騰──那瑪夏區的主動脈

楠梓仙溪，發源自海拔三九五二公尺玉山主峰西側，匯集了主峰、西峰、前峰與阿里山山脈的麟趾山、鹿林山系的水源，以源源不絕的活水聚合成的大河，主流長達一一七公里。離開發源山區後，一路向南奔行川流，縱貫穿越那瑪夏，造就了河階沃土，劃開甲仙埔的化石地，區分出山杉林的新舊，來到旗鼓對峙的蕃薯寮，繞過一路蜿蜒逶迤於左岸的玉山山脈最末端旗尾山後，再加入美濃溪的挹注，在刈蘭坡嶺口處與來自玉山主峰、東峰的

玉山－楠梓仙溪源頭 / 地球公民基金會志工傅志男老師 攝影

荖濃溪匯合後稱為下淡水溪（高屏溪），再一路向南，經大樹、大寮、林園，進入臺灣海峽，正是楠梓仙溪三九五二到〇的奔騰。

◆Namasia－那瑪夏與楠梓仙溪

湍急的溪水在玉山與阿里山兩大山脈夾峙下，奔流在眾山之間，滔滔激流進入了河床寬闊，主流較為平緩，河階台地發達的Namasia－那瑪夏。

Namasia－那瑪夏是歷史記載中，最早定居在此的Kanakanavu卡那卡那富族賦予的名字，傳說中為紀念一位拯救全族人而喪命的少年之名，Namasia－那瑪夏是溪名，也是地名。往前流去的Namasia－那瑪夏溪，會遇上高聳矗立的卡那卡那富族聖山－藤包山，相傳是大洪水時代，族人躲避洪水之處，卡那卡那富族先人開拓的發祥地，溪水蜿蜒流淌而過。

卡那卡那富族聖山－藤包山

縱貫穿越玉山與阿里山山脈的楠梓仙溪

文字紀錄裡的Namasia–那瑪夏，是藍鼎元《平台紀略》裡的「南馬仙」，《雍正臺灣輿圖》標明「南仔仙」亦即台語音楠仔仙làm-á-sian；那瑪夏、南馬仙、南仔仙、楠仔仙、楠梓仙，無論漢字如何書寫，都是借字轉音，為了表達Namasia的這個音，聲音是主角，文字只為聲音服務，不應該在文字的字義上做文章；不是很多楠木也沒有很多梓（樟）木或是仙人之說，都背離借字轉音的單純記載。

◆豐饒沃土養育農作物產

群山環抱，楠梓仙溪豐沛潔淨流水，帶來肥沃的沖積層腐植土壤，造就營養富饒的沃土，正是人群聚落在此存留，賴以為生的重要資源。沖刷堆積而成的河階台地與沖積扇，在大自然充盈豐足的日照與泉水供應下，四季農作依時更種，交替轉換。龍鬚菜是主要作物，一年四季皆可生長與採收，只要適量的澆水、不須農藥與化肥，可說是友善環境土地的優良農作，也是那瑪夏人的「翠綠黃金」。水蜜桃是近二十年來新植栽種果樹，每年四到六月是產期，一年一收，大都種植在海拔一千公尺的山區高地，由於土壤肥沃、加上日夜溫差大的特殊氣候，那瑪夏水蜜桃有著濃郁甜蜜的香氣和細緻多汁的口感，讓人齒頰留香。依時序收成的還有桂竹筍、綠竹筍、麻竹筍、山蘇、薑、梅子、紅肉李、黃肉李、芋頭、金煌芒果、咖啡和野生愛玉等等，豐饒的土地上，依時序更替的不同農作，讓那瑪夏呈現繽紛的樣貌。

◆溪底的精靈都是臺灣特有種

那瑪夏位在山谷，縱貫而過的楠梓仙溪至此，河段變得開闊而水流趨緩，溪床中留有上游沖刷而下，大大小小的礫石灘增加水中生物和魚蝦生存的環境，因此在長年流水與山間支流挹注下，有充裕潔淨的水滋養數量與種類繁多的水中生物。卡那卡那富族是河流的民族，魚蝦蟹是他們飲食文化非常重要的一環，其中著名也是卡那卡那富族河祭的主角臺灣白甲魚（Onychostoma barbatulus，鯝魚、苦花魚），族人從溪裡撈捕大魚帶回烹煮與家人享用，為感念養育的恩澤，卡那卡那富族人以定期舉辦Pasika'arai河祭感謝河神的恩賜，因此河祭也稱「鯝魚祭」。

鯝魚群 / 劉嘉蓮 攝影

眾多知名的保育類物種有，像是臺灣特有種的高身白甲魚（Onychostoma alticorpus，高身鯝魚）；暱稱一枝花的臺灣特有種臺灣鬚鱲（Candidia barbata，一枝花、臺灣馬口魚、山鰱仔）；號稱溪流霸主的臺灣特有種「何氏棘鲃（魞）」（Spinibarbus hollandi，更仔），體長可達六十公分，會捕食其他原生魚種；釣客愛追星（Pearl organ鯉科），常被論及性成熟與否的魚種之一的臺灣特有種高屏馬口鱲（Opsariichthys kaopingensis，溪哥仔）；另有石斑美名，但魚卵有毒性，誤食會引起腹瀉、頭暈、嘔吐等症狀，不宜食用其魚卵的臺灣特有種臺灣石𩼧（Acrossocheilus paradoxus，石斑）；還有一種喜歡把身體平貼在石頭上，藉以刮取石頭上的藻類為食，是臺灣的特有種臺灣間爬岩鰍（Hemimyzon formosanum，石貼仔）；南臺吻鰕虎（Rhinogobius nantaiensis，苦甘仔）則是一種以小型水生生物為食，底棲性的小型魚類，也是臺灣特有種。

拉氏清溪蟹 / 李鳳娟 攝影

粗糙沼蝦 / 簡竹君 攝影

河神賜給的溪底精靈除了魚之外，就是蝦子；粗糙沼蝦（Macrobrachium asperulum，溪蝦）和螃蟹’arasakai mataa’apasʉ（Geothelphusa tsayae，蔡氏澤蟹），這些都是卡那卡那富族人家中的美味佳餚。從訪談耆老得知，每年四至五月溪水流動較緩處，會生長kunamʉ川苔是食用綠藻，族人用芒草稈撈取鮮嫩的部分，清洗過後放進湯鍋，加入螃蟹一起煮，是一道鮮味可口的料理，只是近年來環境與水質遭受污染嚴重，已少有人再撈取食用。

楠梓仙溪野生動物保護區

◆楠梓仙溪野生動物保護區是第一個溪流保護區

豐富多樣的溪流生態資源，魚蝦與螺貝類、甲殼類與水生昆蟲的食物鏈結關係密切，也是水質遭受污染與否的生態指標物種。一九九三年，首先劃設野生動物保護區，主要為保護重要的魚類自然資源，是第一個溪流保護區。二〇二〇年，高雄市政府為延續保護溪流魚類及其棲息環境，公告為「高雄市那瑪夏區楠梓仙溪野生動物保護區」，主要為保護那瑪夏區全區段之楠梓仙溪溪流生態。

◆ 莫拉克風災之痛

二〇〇九年八月，莫拉克颱風帶來超大豪雨，引發嚴重的土石橫流與水患災情，南臺灣許多個山區聚落居民遭受生命與財產的嚴重侵害，那瑪夏也遭受重創，強降雨造成土石崩落，大量的泥土砂石從山上沖刷下來、流竄衝入房宅居家，居民死傷慘重，房屋多數被土石流沖毀，主要道路也是土石橫流，橋梁沖斷；楠梓仙溪溪水暴漲，溢流河岸沖毀居民田產農作，也讓自然景觀受到重創，河川生態環境丕變，魚類資源驟減，溪底精靈們頓失原本悠然適宜的潔淨水域。

莫拉克災變前，二〇〇三年經濟部水利署著手執行「曾文水庫越域引水工程計畫」，準備進行荖濃溪攔河堰、東引水隧道-貫通荖濃溪與楠梓仙溪，西引水隧道-貫通楠梓仙溪與草蘭溪，楠梓仙溪跨河工程-銜接東隧道西口與西隧道東口、草蘭溪流出匯流等工程。

在莫拉克颱風引發的水患災變造成荖濃溪、楠梓仙溪與草蘭溪淤積嚴重，地形地貌與水文條件均發生重大變化，加上鉅

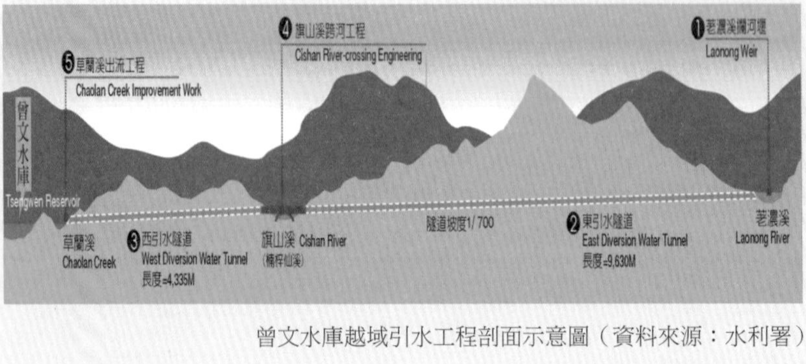

曾文水庫越域引水工程剖面示意圖（資料來源：水利署）

變造成當地居民生命財產嚴重損失，居民與關心的社會團體，對於隧道開挖工程的施工過程中，震動、土石堆置是否為水患的元凶，或因此產生災害加乘效應，相當有疑慮，所以在認定短期內難以依原計畫繼續執行，目前整體工程處在停工狀態。

一場天降大雨的災變，在惡水肆虐下的那瑪夏，曾經滿目瘡痍、讓人觸目驚心；坍塌、斷橋以及土石沖毀的房舍已經修復平整，土石墊高的河床逐漸恢復生機，洪水吞噬的山林長出了新綠，苦難的災民也獲致安置永久屋。莫拉克讓國人深刻感受「天災地變、國土危脆」的無常戒慎，不也正是生活在變動地土上的生眾所共同之承擔嗎？

地球生態環境中，水是維繫各類型生態體系所必須的重要資源，水資源之於古今往來的人類活動、群體遷徙、聚落存在以及文明產出、文化傳承都是極為關鍵條件，對於其他生態體系的需求也同等重要，供需關係環環相扣。因此，當人類挾帶科技需求、經濟利用的口號，不斷地對水資源做自然環境的干擾時，也應該同時考慮各類型生態體系的生物能夠共榮共享，永續利用。

西隧道－貫穿阿里山山脈－東洞口

東隧道－貫穿玉山山脈－西洞口

居住在此的原住民，布農族有獵人的靈魂，卡那卡那富族是河的民族，
她們狩獵、種小米、有大洪水與鳥占神靈的創世紀傳說，每一則神話都有其核心價值。

祖靈之歌
那瑪夏詩篇
一

1

住在麻竹很多的地方——卡那卡那富族神話傳說

劉嘉蓮

第一次聽到Kanakanavu這個發音的人，或許要唸好幾次才能說出卡那卡那富，直到聽了創世傳說，射日、洪水，以及後來成了那瑪夏Namasia的英勇事蹟，學會唱Cina Cuma基那祖媽之歌，就會發出真是美麗民族的嘆息。

在很早以前就有人問，你們為什麼叫Kanakanavu？長輩們說，是因為我們以前居住的地方有很多竹子，卡那卡那富族說那個麻竹，叫做「kanavunavu」，所以我們就自稱為Kanakanavu。因為麻竹的族語名稱是「kanavunavu」，不論拼音或是念法都和族名Kanakanavu非常接近，文獻裡有這樣的說明。我們的「Ka」是有「住在」的意思，Kanakanavu可能就表示我們是住在麻竹很多的地方的人。

坐在那瑪夏區達卡努瓦村落的舊祭壇旁棚架下，聽著卡那卡那富族耆老翁博學講述族中的傳說故事，耳朵旁還不時傳來山徑上竹雞「雞狗乖」「雞狗乖」的叫聲，還有附近族人飼養公雞的「喔喔」啼叫聲，這旋律純屬天然，一派和諧。

卡那卡那富族是那瑪夏區最早定居於此的族群。荷蘭時期的《熱蘭遮城日誌》裡，已有記錄位於此地的「Cannacannavo」，亦即卡那卡那富，該族長老曾

▲ 翁博學 2021.03.06

▶ 麻竹林 / 柯玉瓊 攝影

於一六四八年、一六五〇年、一六五四年及一六五五年共四次出席「北區地方會議」。由此推知卡那卡那富族在這裡生活至少四百年以上，可說是最在地的主人。

據文獻記載，卡那卡那富族最初住在藤包山周邊，靠近南沙魯上方叫那都魯薩（Natu-luz，今老人溪）一帶，至今藤包山一直是族人心目中的聖山，也將該處認定為卡那卡那富族的傳統領域，通常稱之為「舊社」。清朝文獻稱卡那卡那富族為「簡仔霧番」，之前有很長一段時間被歸類於鄒族，和拉阿魯哇族合稱「南鄒」，二〇〇四年才獨立成為臺灣原住民族的第十六族。

卡那卡那富族在高山原住民族群中是屬於「少數民族」，根據二〇一九年十二月的調查，卡那卡那富族的人口數為三百五十五人，翁博學在二〇二一年三月更說，目前他知道登記的只有三百三十四位，對於人數這麼少、但又是很悠久的在地先民，他們的神話與傳說，應該被好好記錄下來。

原住民的神話與傳說，都有深刻的文化內涵，也有不少祖先生活的智慧，雖然有些情節十分玄奇，超乎想像，但他們樸實而天真的個性，在其中表露無遺，那就是在山林中奔放而充滿生命力族群的故事。

藤包山／林貴香 攝影

◆起源與射日傳說

有位失去父親的青年名叫Parumaci（巴拉瑪吉），從小和母親相依為命，他靠著吃院子裡的柚子樹果實長大。有次他到河邊撈魚，撈到一根奇怪的樹枝，帶回家以後用水牛的筋骨做了強而有力的弓箭，再用那根奇怪的樹枝做成箭頭，這把弓箭成為他隨身的利器。

傳說以前有兩個太陽，每天輪流照著大地，因此天氣非常酷熱，生活十分痛苦，Parumaci下決心要完成「射日」大業，並要求母親為他搓繩子。當搓成一坨跟拳頭大時，兒子說不夠；又搓成一坨跟頭一樣大時，兒子仍說不夠；再繼續搓成一坨像水缸大時，兒子說夠了。Parumaci跟母親說他要去射太陽，希望母親保重，並且能先準備好水、柴火、糧食等，然而別人家都不信，並沒有事先準備這些生活必需品。

Parumaci把搓好的繩子尾端，栓綁在一個裝有湯匙的籃子上，請母親注意聆聽湯匙敲擊籃子的聲音，如果有聲響，就表示他還活著，無聲則表示已經犧牲了。就這樣，他帶著那把強而有力的弓箭和一位叫Pane（巴尼）的朋友啟程出發。

兩人終於到達太陽升起的地方，Parumaci對他的朋友Pane說：「我射中太陽時，你必須沉在水裡。」他射中太陽後，隨即跳進湖裡，但Pane卻伸出頭來想看太陽被射中的樣子，最後被太陽噴出來的血燒死了。

太陽被射下來，大地變得一片漆黑，母親聽到裝湯匙的籃子發出了一回聲響，知道至少有一個孩子還活著，感到很欣慰又擔心，等Parumaci順著繩子摸黑，沿著原路走回家鄉，母子終於歡聚。他離家太久，眼看家園一片荒蕪，在感嘆中踢向屋外的茄苳樹，樹葉紛紛落下，變成了家屋。再猛力一踢，落葉變成了人，這就是傳說中卡那卡那富族的起源。

翁長老將射日傳說與卡那卡那富的族群繁衍連結成一個豐富的故事，巧合的是，布農族的射日傳說神話裡，也有一則跟柚子樹有關呢。

◆大洪水傳說

傳說古時候有一條大鰻魚從大海裡爬上了陸地，因而陸地變成了大海，人們

茄苳樹 / 賴杏眉 攝影

都躲到Anhana（紅花仔山）後的Nausurana山上去，四社蕃的人也都逃到Tanungu´incu（玉山）山上。

祖先們避難時驚慌失措，竟然忘了帶火種，族人們望向遠處的玉山，發現那邊的山上有火種，但需要有人願意游過大水去要火種。山羌自告奮勇地游到對面山上，把火繩纏在角上準備游回來，當他游到中途時，火繩愈燒愈短，也愈來愈熱，山羌只好將頭埋入水中，火種當然全熄了。

接著是母豬，她想去殺掉鰻魚，以絕禍患，卻擔心自己會溺死，小山豬們可能變成孤兒，希望族人們能代替自己好好照顧小豬，就算偷吃農作物，糟蹋田園，請不要責備他們。族人們答應了她的要求，之後母豬鑽入水中咬死鰻魚，大水便迅速退去。但是，因為水退得太快，以至於陸地上竟連一滴水也沒有，原本為沒火困擾的族人們，現在又為缺水痛苦了。

族人們便叫taprou鳥（麻雀）去幫忙提水，鳥兒答應取水，但要人們承諾讓雀鳥以後能吃人類所種植的小米。族人們答應麻雀的請求，他聽了便迅速飛去提水回來。因此，現在的麻雀能吃小米，據說就是當時立功的緣故。

卡那卡那富部落位於楠梓仙溪流域，每年只要颱風雨季一來，原本涓涓細流的溪水，轉眼變成泥沙滾滾的大河。關於大洪水傳說，在鄒族及拉阿魯哇族之間也流傳著與大水拚搏的故事，這是居住在山崖水邊的原住民躲不開的宿命。神話裡明示了自然力量的強大，可能隨時都要有逃難的準備。至於山豬或麻雀等動物，在現實生活中，常常是部落裡農作物的竊取者，甚至是破壞者，但不知是否因為神話之故，族人對牠們多了一些忍耐與包容。

有一次在南沙魯的山徑上夜觀，巧遇一位那瑪夏的朋友，他正好來幫暫時不在家的親戚照顧小雞，他說，「人養的這些雞，要等地上的野獸吃完，天上的猛禽叼完，之後剩下的才是我們人吃的。」並笑著感嘆，「總要牠們吃一些，我們吃一些嘛！」看來分食的觀念不僅是對人，連動物也算在內。

◆名為 Namasia 那瑪夏的由來

三百多年前，卡那卡那富族一名青年叫做瑪夏（Masia），有一天他到藤包山附近的溪邊捕魚，發現溪水的流量變小了許多，於是前往上游查看，在上游的水潭裡，看見一條他從來都沒見過的大鱸鰻，嚇得昏厥過去，醒來後立即回到部落告知長老，大家商量解決的辦法，最後的結論是要找山豬王來幫忙。

山豬王答應消滅鱸鰻，可是提出希望族人允許小山豬去吃農作物的要求，而且不能射殺小山豬，長老們表明會遵照約定、履行承諾。隔天，山豬王帶領山豬群到山上找到鱸鰻，山豬王讓公豬咬鱸鰻的頭，母豬咬肚子，小豬咬尾巴。大鱸鰻終於被咬死了，原本堵塞的溪水，又恢復往日的模樣。

後來瑪夏因驚嚇過度生病而去世了，卡那卡那富族人為了感念瑪夏救了全族的人，就把居住的地方，在他的名字Masia前面加一個「Na」，「Na」有「過去」的意思，為了紀念這位年輕人，便將此溪流取名叫做「那瑪夏溪」（Namasia）。族人本就有把溪流之名，做為當地地名的習慣，所以此地就叫「那瑪夏」。

翁博學藉由溪流中的鱸鰻跟我們說了一段那瑪夏地名由來的故事，同時分享一張一九六〇年代自己非常年輕帥氣的老照片，照片中長老手裡提著從楠梓仙溪裡捕捉到的大鱸鰻，當年他大約十七、八歲，那時溪裡有非常多的大鱸鰻，他曾捕捉過二十六公斤大的呢。鱸鰻的生存環境必須有深潭，八八風災後河床堆積墊高，再加上環境污染，鱸鰻就漸漸減少而消失，令人感慨。

紀錄中耆老也曾說，以前族裡的老人家忌諱吃鰻魚，老人家的說法是鰻魚滑溜，而且據說牠們的腸子是空的，吃了那種動物，做事容易投機取巧，不夠穩健可靠；直到日治時期，認為鰻魚營養價值高，就讓孕婦食用，之後大家才

翁博學曾提供一張自己在一九六〇年代捉到大鱸鰻的照片給《卡那卡那富部落史》刊登，見證流域民族的英雄事蹟。

小米與竹製趕鳥器 / 王春智 攝影

慢慢接受吃鰻魚這件事。不知道族中長輩不吃鰻魚是否跟傳說鰻魚為惡，破壞族人居住地的河川有關。

◆小米種子傳說

以前部落裡有名男子在挖山芋時，挖到了大地洞，在好奇心驅使下，架著梯子下去一探究竟，結果發現洞裡竟有屋子，並住著一名叫Tamuˊʉnai的人。男子對住在地洞屋子的人說，自己是簡仔霧人，因為沒有東西吃，想挖山芋充飢，沒想到愈挖洞愈大，於是就走下來看看，地洞屋裡的人便邀請男子進到家裡來坐。

男子進屋後，屋子主人便拿出小米做的麻糬請他吃。這是男子第一次吃到麻糬，覺得味道很好，於是請求主人給他一些小米帶回去，那人立刻送給他一些小米

(vina'ʉ)、大角豆(nʉpʉnʉpʉ),以及樹豆(naumai)等。

男子回到地上之後,種下那些種子,演變成今日部落才有這麼多的小米和豆類繁殖著,族人因此尊稱Tamu'ʉnai為地神。這個神話裡指出,地神送出小米種子前,部落裡的食物種類並不多,可能只有山芋頭和香蕉之類,因此爾後每年的米貢祭(Mikong),卡那卡那富族都會非常慎重地祭拜地神Tamu'ʉnai。

翁長老特別說明麻糬就是小米年糕,也說布農族人很羨慕卡那卡那富族人很會做年糕,做的年糕又Q又好吃。他還分享記憶中一九四〇至五〇年代,族人在蓋房子上主樑時,會舉行上樑儀式,家裡必定準備很多年糕,邀請族人來共享,還會在年糕裡藏放先用香蕉葉包上的一毛錢或五毛錢鎳幣,從主樑上往下拋擲,讓小孩子在下面撿拾,歡樂的氣氛記憶猶新。

◆'Usu(烏素)的Cina Cuma(基那祖媽)之歌

部落傳說中,有一個可憐的少女'Usu(烏素)孤苦零丁,無依無靠,卻非常勤勞上進。一天部落裡的男子們要到山上狩獵,她一路躲躲藏藏尾隨在後,到了獵區,男子們分路圍繞著山頭,四面放火焚獵,少女竟然被大火團團圍住,無法脫逃;當大火逼近,她爬到高高的樹上,在即將被燒死之際,對天吶喊並高唱著Cina Cuma(基那祖媽)這首歌,呼喚著死去的媽媽、爸爸,之後就被熊熊烈火吞噬,化成煙雲飄散天外,直到獵人們焚獵回家後,才發覺在獵區高歌者原來就是那少女。

族人們為了悲憫她的命運與感佩其獨立的精神，就在她居住的門前插了一支箭。’Usu升天四十天後，那支插在門口的箭變成了竹竿，它長到了天邊再彎垂到地上，傳說她會帶著「天神之子」，一起順隨著垂下的竿子來到凡間。族人特別把Cina Cuma（Cina指母親，Cuma指父親）這首歌曲當成祭歌，於每年的米貢祭祭祀傳唱，曲調肅穆哀戚。

勇敢的卡那卡那富族少女，因為想獨立的勇氣而成為一縷英魂；善良友愛的族人因著疼惜與憐憫，將孤女想像成升天的神祇，而由利箭變成的長竹竿，是天界的靈魂下凡到人間的一座天梯，孤單少女得以時時看望想念的族人，族人在祭典時也不忘以歌聲安慰天上的魂魄。

翁博學長老在述說這段故事時，還特別補充，一般的打獵或河裡捕魚，女生都可以從事，但若是祭典要使用的獵物，只有男子可以去狩獵，女子則不行。同時翁長老特別強調，這首祭歌只能在米貢祭時傳唱，而且必須態度莊重嚴肅，平日更是不能隨便哼唱，因為這是一首邀請祖靈下凡的聖歌，之前曾有過舉行祭典時，與祭者態度輕慢，結果發生不好的事，所以不可不慎重。

◆穿山甲救人的傳說

有個長得非常漂亮、名叫Pei的女子，許多男子都愛慕她。終於有一天，一名男子娶得美人歸，但其他男子並沒有放棄追求。Pei的丈夫因為嫉妒，於是把美麗的太太丟進一個深坑裡，無人能拯救她。就在這時，地洞裡的一隻穿山甲（Kaniarumi）聽到了求救的聲音，循聲找到了Pei，並請她抓住尾巴，穿山甲則開挖出一條地道來，將這名美麗女子解救出來。部落族人都非常高興，為了感謝穿山甲救了族中美女，決議今後對穿山甲要特別友好，並將殺害穿山甲列為族中禁忌。

在卡那卡那富的傳統文化中，族人是不吃穿山甲的，在山裡遇到了，大都會靜靜地走開，不會干擾牠；就算不小心獵到了，也會將牠放走。如果遇到已經死掉的穿山甲，還會在牠們身上覆蓋草堆，以表示對其尊敬。

穿山甲 / 莊維倢 攝影

過去臺灣每年出口六萬張穿山甲皮革，幾乎讓穿山甲絕跡。由於近年來提倡生態保育有成，根據屏東科技大學研究，臺灣穿山甲野外族群密度可能是全世界最高的，與山林和諧共處，珍惜自然資源的族人，早在幾百年前就已經藉由神話，為穿山甲的保育做出宣言。

◆鳥占傳說

「以前老人家有說，一種叫sisin的鳥，他飛的方向、叫的聲音會告訴你今天可以做什麼、不能做什麼，如果看到占卜鳥從右邊往左邊飛，這樣是不吉利的，所以只要遇到這樣情形，就不要出門。還有種說法是往前走時，占卜鳥在旁邊沒有路過也沒飛只有叫，叫聲是一長聲，則表示將會有很好的收穫。」這是來自翁博學長老的鳥占分享口述紀錄。

日本學者佐山融吉在《蕃族調查報告書》裡，提到族人在日治時期關於鳥占的傳說，則是跟鄒族達邦（Tapang）社的恩怨有關。

據說祖先們還住在Natsunga（現今臺東縣海端鄉利稻部落附近）的時候，曾經殺了一個達邦社人，並取下首級，放在Anhana山（紅花仔山，位在現今那瑪夏區）裡，可是那顆人頭竟然自己滾動起來，人們把首級放回去，它又再度滾出來。眾人嚇得魂不附體，不敢靠近。後來那個地方長出一棵樹。達邦社人的首級已經成樹神，人們尊稱祂為t'amunakumama，而樹神也會占卜狩獵的吉凶。

有一次，約有二十五名左右的社人前往Aokula去獵人頭，走到半路上，突然有一隻小鳥「chye，chye，chye…」地叫著，從他們的前面向左橫著飛過去，有人說鳥兒向左橫飛是凶兆，而且飛鳥聲也很不吉利，但有人不相信，結果大家決定繼續前往Aokula出草，後來只有一個人活著回來，其餘全被殺了。

社裡的老人去問樹神，樹神說他差遣了一隻「shyushyu」鳥橫飛路前而過，並且發出不吉的鳴聲，但大家不聽。之後眾人必須特別留意這種鳥的動靜，並且提出預告，一年之後，將可獵得Aokula人頭。

果然，過了一年之後，族人獵得幾個Aokula人頭。傳說中，族人揹著南瓜走過樹神前，經常在不知不覺中就短少了一、兩個，大家相信是樹神拿走的。

布農族也有鳥占的慣習，首領會在出草前於部落外的路上聽取hashas繡眼畫眉的鳥鳴聲及觀察飛翔的方向，並依此來判斷吉凶。

明明是仇敵，但可以在死後化身為樹神，來保護敵方的族人，在對手外出打獵或出草獵人頭時，還派出信使「shyushyu」鳥，以鳴聲或飛行的方向來告知此去的吉凶，頗有以德報怨的意味。在《原住民族語高級教材文化篇—卡那卡那富語》一書裡，族中長老說「要聽、要觀察綠繡畫眉鳥的叫聲及其飛行方向」，推測卡那卡那富鳥占的鳥類，應該是繡眼畫眉，但也有人認為是綠繡眼。

日治時期臺灣總督府的《蕃族慣習調查報告書》裡曾提到，卡那卡那富族也曾有過獵首祭，據說在祭祀時並不使用骷髏，而僅將敵人的頭髮拿來吊在公廨屋簷下，還要殺豬與釀酒，並將少量的肉附在頭髮上同時灑酒，祝禱說「你既已來到了這裡，我們會誠摯地祭拜你，你就留在此地，不要到別處去，同時把你的父母、兄弟姊妹們也都請來吧！」之後，全社停止工作四天，盛裝前往公廨集合，喝酒、唱歌、跳舞慶祝。

也許是原住民在山林中狩獵，獵場的捍衛與爭奪是不可避免的生存之道，就算彼此之間有生死的交戰殺戮，都不是因深仇大恨，所以在獵首後的祭祀，才有誠摯溫情的喊話。被獵首的犧牲者，享受到誠心祭祀的酒與肉後，還願化為神祇來保佑對方的安危，這些我們看似血腥殺戮的背後，也充滿了原住民尊重生靈的赤子之心吧。

綠繡眼 / 顏歸真 攝影

◆夢占傳說

關於卡那卡那富的夢占，翁博學長老分享了以下兩件事：一是蓋男子會所時的夢占；另一是米貢祭的好夢。

翁博學長老指出，「以前我們要蓋男子會所時，要取得中間最重要的兩根樑柱前，巫師要做夢，透過做夢，巫師會知道要去哪座山砍木材，去到那一座山就一定會找得到，絕不能隨便砍樹，因為這兩根柱子是象徵男生，是要撐起一族的重任，取用一定要慎重，至於其他周邊的柱子，使用的木材就沒這個問題了。」

在米貢祭前，主祭長老會站在瞭望臺上對各家族喊，要大家準備好祭典儀式的工作，並請各家族長老到男子會所集合商議，看看各家族中男子誰做最好的夢，尤其是青年男子，做最好夢的男子，可以將廣場中央爐灶火堆中的火，拿到會所裡面，也就是負責在男子集會所點火，為米貢祭祭典開場。因為卡那卡那富認為有好夢，才會有美好的米貢祭，至於所謂的好夢，翁長老說有四種；「第一種是男女的曖昧之夢，而這種曖昧是女生主動，但不是男女歡愛結合的春夢；第二種是收到貴重禮物的夢，像是收到一把刀、一支槍；第三種是挖到很大很好的地瓜，或一串青香蕉的夢；最後一種是沒有夢，沒有做夢也算是好夢。」這些都算吉兆。

長老順便說了三種不好的夢，「第一種是你穿得很漂亮，很多人到你家，好像有不吉祥的事；第二種是你坐車子離開，因為夢中車子是象徵棺材；第三種是你丟掉了寶貴的東西找不回來。」做了這些夢都可能表示家裡的孩子或親人會有不好的事發生，自己和家人就要多小心。

以上八則卡那卡那富的各種傳說，豐富多彩的故事，能讓人了解原住民獨特的文化內涵，但更讓人感受深刻的是，能在那瑪夏的土地上，親耳聽到卡那卡那富族長老口述的族群傳統與禁忌，格外親切與感動。

2 拉蒙岸的葫蘆與陶鍋——布農族的神話傳說

劉嘉蓮

布農族是勇敢的獵人，深植於臺灣人印象，布農八部合音則是廣披於世，全世界的人都知道他們善於唱歌，詩歌是這個族群的靈魂，因此布農神話與傳說，總是帶著濃濃的詩意。

布農的神話傳說是從大地提煉的生活智慧，族中智者透過口傳來告誡子孫，天真素樸的故事，是布農族人日常生活的行為準則，獨特的信仰與禁忌，深深蘊藏著族人與山林和諧共處的信息，我們透過布農神祕多彩的傳說來了解人與人、人與自然，甚至是人與神的關係。

神話故事親耳聽來的，絕對要比從書上讀來的更為精彩，因為布農族人太會說故事了，拜訪那瑪夏在地布農族青年朱文華，他指著家屋立面，父親生前雕刻的大型「射日傳說」木作，跟我們分享布農的神話故事。他父親生前成立了「銀寶布農文化工作室」，有不少出色的作品。

圍坐在「卜谷嵐自然生態休閒農場」裡，聽著族中長老同時也是著名的詩人卜袞分享屬於布農的傳說，溫雅的用詞，時時穿插在故事中。卜袞長老說，布農族男人既武勇又溫柔，就如「射日傳說」中被射下的太陽哥哥，後來變成溫柔的月亮一般；外表剛強矯健的男子，內心其實是一抹輕柔的淡月光。

◆布農創世傳說——葫蘆與陶鍋是人類始祖

相傳遠古時候，在Lamungan（拉蒙岸）的地方，那裡有個葫蘆，還有個陶鍋，後來從葫蘆裡走出一個男人，又從陶鍋裡走出來一個女人，他們結合成夫妻，一代接著一代，繁衍了很多子孫，葫蘆與陶鍋就是人類的始祖。

◀左二為卜袞 / 林靜莉 攝影　▶朱文華父親雕刻的「射日傳說」作品 / 王春智 攝影

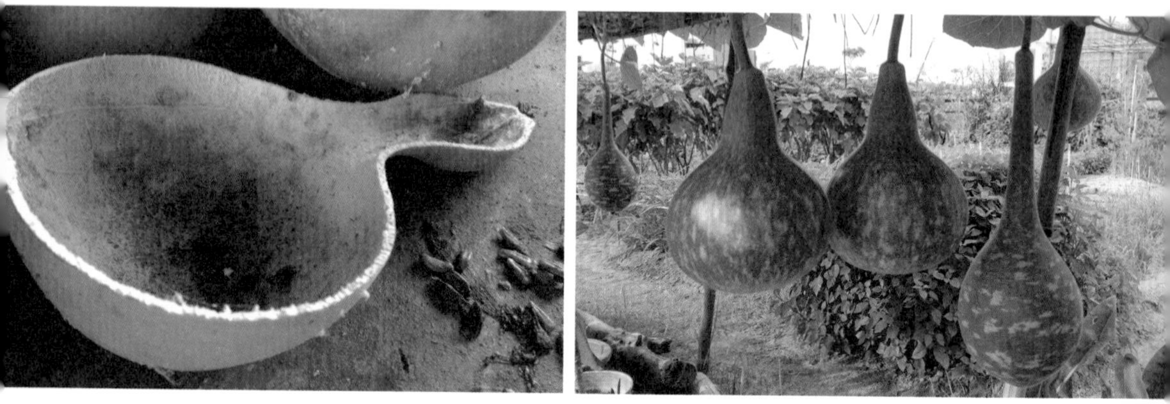

葫蘆 / 呂癸未 攝影

布農族人非常敬重葫蘆，因為據說他們是從葫蘆跟陶鍋裡生出來的。傳說中的Lamungan，可能位於現在的南投，據說這裡也是族人自海外移民至臺灣的第一個落腳地。現今國道三號的南投服務區就位在布農族遺址上，還可以看到服務區有布農族語「LAMUNGAN」的標誌。

布農族有個關於葫蘆的禁忌，就是絕對禁止用石子丟擲別人種植的葫蘆，否則家裡會變窮。以前布農族人的田裡除了種小米外，也要種植葫蘆；如果葫蘆種不好，將來小米的收成也一定不會好，收成差家裡自然會變窮。此外，葫蘆還可以裝酒和做酒杯，在各種祭典上都會以葫蘆盛裝小米酒以酬天神，如此，布農族人自然把葫蘆跟小米看作一體，對葫蘆當然抱持尊敬之心，拿石頭丟擲葫蘆就成了禁忌。

◆滅世洪水與取火神鳥

傳說以前有一條大蛇堵住了河流，引起氾濫，這時布農族人便急忙逃到最高的玉山（Tongku Saveq）山上，動物們也都逃往玉山，所以布農人便在山上和動物們一起生活。

日子一天天的過去，食物愈來愈少。由於洪水沒有退，不能下山採集食物，布農人心裡非常著急，這時有一隻勇敢的螃蟹與大蛇交戰，螃蟹用大螯夾住蛇，蛇不堪疼痛逃跑了，被堵住的河水也就急速退去。

洪水雖然退了，但布農人不知山下的實際情況，於是請烏鴉下山查看。當烏鴉飛到山下看到很多動物的屍體，便留在那裡吃了起來；族人一直等不到烏鴉回來報訊，又請會游泳的蛤蟆幫忙去看看，蛤蟆下山發現山下已經有人，便咬著一塊他們生起的火炭（kikda）想帶回去報信，當牠噗通跳下水，火炭就滅了。布農人看到已熄滅的木炭，便不太相信蛤蟆所說的話，又請紅嘴黑鵯（haipis）飛下山看看。為了讓布農人相信，紅嘴黑鵯決定啣回炭火；布農族人看到燒紅的炭火好高興，便集體遷移下山。

洪水滅世的傳說普遍存在全世界許多民族的口述歷史中，洪水可能是人類祖先們共同的恐怖夢魘，臺灣不少高山原住民族也都有大洪水的傳說，包括阿美族、排灣族、卑南族、卡那卡那富族、布農族等，而布農族卻因為一隻勇敢的取火神鳥，顯得最具代表性。

這則故事裡族人避難的高山，就是布農族的聖山——玉山，從那時起，由山下帶火種飛回聖山的紅嘴黑鵯，牠的嘴及腳因為挾帶燒紅的火炭，所以一直都紅紅的，布農人為了感謝牠，便有了關於紅嘴黑鵯的禁忌，後代子孫不能用手指著這種鳥，只能用眼睛看，當然更不能傷害牠，因為族中長老告誡說，當手指著這種鳥時，房子會被燒掉。

有趣的是，同樣住在那瑪夏的卡那卡那富族，也有鱸鰻堵住河水的傳說，不過拯救族人咬死鱸鰻的是山豬，而不是螃蟹。原住民族群真是善於說故事，充滿豐富的想像力。

紅嘴黑鵯 / 魏建儀 攝影

◆太陽變成月亮巨人

傳說古時天空有兩個太陽，每天輪流照耀著大地，只有白天沒有黑夜，耕種的作物常被曬死，族人過著非常辛苦的生活。

有一對夫妻帶著小嬰兒上山種植小米，他們把嬰兒放在野香蕉葉搭起的棚子下以遮蔽陽光。工作告一段落後，妻子放下手邊的工作，跟丈夫到棚下去探看孩子，卻到處找不著孩

攀木蜥蜴

子。當掀開野香蕉葉時，只看到一隻蜥蜴飛快地從棚子裡鑽出來，躲進野地裡去了，原來他們的孩子變成了一隻si-sisun（蜥蜴）。

孩子是因為躲避大太陽而變成蜥蜴，所以太陽是凶手，父親和長子因而決定去射殺太陽。他們在手與腳的指甲裡都塞滿了小米，那個時代，一粒小米就足夠兩人吃一天，塞滿指甲的小米，讓他們父子吃個三、五年絕對沒問題。

出發前，父親在庭院前種下一棵izuk cikis（橘子）；出發後，父子倆沿途折下草木做為回家的路標。歷經艱難，他們終於到了太陽升起的山頭，父子用山棕做了nasig[註1]方便藏匿，好射殺太陽；父親拿著弓箭，躲在山棕葉的後面伺機而動。

當第一個太陽昇起時，強光影響了視線，他來不及射下，但他射下了第二個太陽，頓時天地陷入一片黑暗中，父子倆報了失親之仇後，高興地歡呼起來。回程時天地昏暗，他們找不到回家的路，想到了投石問路的方法，由石頭落地的聲音來判別路徑。當他們往前丟了一顆石頭，卻聽到「嘎」的一聲巨響，整個世界突然亮了起來，原來石頭打中了在那裡「種水」的山羌（sakut）[註2]，牠的叫聲驚醒了整個宇宙，讓世界恢復光明。

他們一路平安回到了家，出發射日的時候，長子還是個孩子，現在已經變成了大人，而庭院那棵離家前種的橘子樹也長得非常高大，並且結實纍纍，他們才驚覺到這趟旅程是如此漫長。

而被射中的太陽，跌落在山上，變成巨人。一群布農人跑到山上去看，巨人把口水沾在手指上伸手黏住了他們，他跟這些布農人要一塊布，用來擦拭流血的眼睛。變成巨人的受傷太陽，在擦拭完流血的眼睛後，就成為了溫柔的月亮。

巨人月亮送給布農人一些植物，告訴他們栽種的時節要看月亮的變化，布農人稱此為buan-un-hu-man，布農族的歲時祭儀便由此流傳下來，而朦朧的月色，傳說就是當初巨人擦拭流血眼睛後所留下的痕跡。

射日傳說在卡那卡那富族裡也出現過，一樣是有兩個太陽，一樣是出門射日前種下一棵橘子樹（或柚子樹），但布農族的射日傳說中，多了重要的糧食作物小米，和重要的民族植物山棕。

在射日傳說中有幾個代表布農族的元素。小米是父子踏上射日征途上所攜帶塞滿指甲

縫、夠兩個人吃三、五年的糧食之外，其他關於神奇小米的有趣說法，像是在左右耳朵上各掛上五穗小米，外加所有的指甲也裝些小米粒，就不會餓死。

除此之外，山棕則是布農族很重要的民族植物，除了獵人躲在山棕之後，伺機射日才得成功；山棕葉綁紮後，適合製作掃帚；莖部纖維用來釣溪裡的蝦子；山棕的果實，是白鼻心和松鼠愛吃的食物，布農獵人藉著山棕果實的香氣來捕獲獵物。

山羌在此傳說中也具有特別的地位，「山羌種的水」是布農族對於地下湧泉形成的小水塘一種很特別的說法。關於山羌跟月亮的關係，還有其他有趣的傳說，傳說射日後大地一片漆黑，獵人投石找路，有一隻正在喝水的山羌，

◀山棕 ▶小米／賴杏眉 攝影

山羌／羅明瑞 攝影

被獵人用石頭擊中頭部，因疼痛而發出吼聲，山羌的叫聲使一片漆黑的天空，出現了朦朧的光明，被射中眼睛的那個太陽就變成了月亮，而現今山羌兩眼中間有一塊像傷痕的三角形，就是當年被獵人用石頭擊中頭部所傷。

至於影響布農族生活最重要的「歲時祭儀」，是族人與月亮巨人特別的約定，農事或狩獵行事例，是依著植物的枯榮與月亮的盈缺來決定，刻劃在布農族的板曆上的圖騰，以各種符號來代表播種、耕種、上山打獵、休耕、除草、儲糧、紡織等生活時序，這一切的運作都是跟「月亮時間」有密不可分的關係。

我們在二〇二一年中秋節假期，正好前往那瑪夏去拜訪卜袞長老，看到族中長輩都穿著布農傳統服飾，盛裝打扮。根據卜袞的分享，布農族的新年是在中秋節，這一天所有在外的族人都要回家，跟家人烤肉團聚，共度佳節。果然「月亮時間」深深影響布農族的生活，連新年也是。

◆充滿玄想的小矮人傳說

相傳有個叫kalupesupesu的人來到現今巒大本社附近，發現一個冒著煙的洞穴，於是進洞一探，洞的盡頭有個身高僅及兩、三尺的小矮人，他向小矮人打招呼，小矮人便慷慨地拿出許多食物，如laian（紅豆）、米、粟等，都是他從未見過的。他要求小矮人送一些食物的種子給他，可是小矮人不同意。後來他又看到一把punnu（鐵製的尖矛），非常喜歡，但小矮人不肯給他，那人便趁著小矮人不注意時，將紅豆等種子及鐵製尖矛，偷偷地取走。

回去之後，他栽培紅豆、米、粟等，鐵製尖矛也成了傳家之寶。大約在七十年前，尖矛還在布農祖先toppasu手上，不過當時pishiteboan社的ekunaalu巫術高強，聲望很高，布農祖先便將尖矛送給ekunaalu，之後就由ekunaalu的後代保管。在大正四年（一九一五）二月左右，南投縣警務課長前來巡視時帶走了。

以上傳說是根據一九一五年佐山融吉的《蕃族調查報告書》武崙族（布農族）前篇而來，記錄自南投縣、嘉義縣界玉山一帶巒社群小矮人的傳說，其中有提到準確的人名與當時日本相關政府官員。關於小矮人的傳說，除了賽夏族之外，應該就屬布農族說得最詳盡也最多，而且充滿神祕感。

還有一則近代關於小矮人遺址的探索，可以提供我們參考。一九九三年元旦期間，民俗學家洪田浚先生、布農族作家托魯爾和太魯閣族陳道明醫師等人，進入花蓮縣卓溪鄉的清水部落，沿著拉庫拉庫溪的探礦道路，向南安山區深入，竟然找到了疑似小矮人的遺址，人為的建築痕跡非常明顯，測量起來每戶長度約在二十至三十公尺之間，類似長屋，屋牆的石頭和石板堆疊方式，與傳統布農族石頭長屋（氏族大家庭）的建築技術不同，尤其屋頂是使用石板覆蓋，散落的石板上則有小孔。每戶家屋內部都有直立石柱或石板柱，或為陰陽石的生殖崇拜象徵，而且到處可見斷折的手握型石杵和陶壺的碎片。

另外有一則花蓮縣卓溪鄉清水部落的小矮人傳說，剛好跟洪田浚先生等人的探查結果有所關聯。

據傳在十八世紀初期，為了逃避瘟疫，巒大社布農族部分族人從南投縣郡大溪中游翻越中央山脈，定居於現今的清水masisan。相傳布農族祖先來到清水時，附近就有小矮人的群落，而且兩族經常交戰，布農族常戰敗，後來有位矮人的孕婦在草叢間待產，孕婦與胎兒不幸被一名布農人踩死，矮人終於主動向布農人提出議和。從此以後，小矮人學習布農族的語言，指導布農人種植小米、地瓜和樹豆，也教導布農人狩獵技巧，後來可能是因日本人來了，小矮人無法對抗，所以遷移他方，臨走前打斷所有的石杵，敲碎所有的陶壺，從此不知去向。

這個傳說裡「打斷石杵，敲碎陶壺」，跟眾人深入南安山區探查小矮人的遺址，看見到

達卡努瓦社區內馬賽克 - 布農族人以陶壺烹煮食物 / 林貴香 攝影

處都有斷折的手握型石杵和陶壺的碎片，結果和上則傳說有相符合之處，不知是巧合還是事實，充滿玄想。

◆愛護並敬重癩蛤蟆

傳說有一群布農人下雨天還去田裡工作，對面山溝也有一群布農人在工作，雨天癩蛤蟆特別多，一時間覺著無聊，就把牠抓起來丟給在對面山溝上工作的人，對面山溝的人也找了幾隻癩蛤蟆丟回去，大夥就這樣抓起癩蛤蟆丟來丟去，這時天空下著大雨還打著雷，突然閃電加上震天的雷聲向這群丟蛤蟆的人而來，結果這群人竟然都變成了石頭。另有一種說法是，天上降下來許多的泥土掩蓋了這群人。

還有一則傳說是不小心誤踩癩蛤蟆之後發生的慘劇。有個人不小心踩了癩蛤蟆，連五臟六腑都踩碎了。一天，天空下著雨又打雷，那個踩死癩蛤蟆的人在門口觀望，突然轟隆一聲巨響，竟遭雷擊且被火燒焦，他的家裡也燒了起來。

從以上兩則傳說故事，可以看出布農人對癩蛤蟆的愛護與尊重，丟擲癩蛤蟆來玩耍，就變成石頭或被泥土掩蓋；因為不小心踩著牠，都要受到上天的雷擊，所以在布農族的觀念裡，戲弄玩耍或殺死癩蛤蟆都是禁忌。如果不小心在田地裡工作誤傷或鋤死了癩蛤蟆，族中長老也會告誡晚輩，用泥土把癩蛤蟆埋葬起來，並懷著歉意說；「呵呀！老爺爺！你被我誤傷了，你被我錯砍了，是因為我工作時沒留意。請不要記恨，也不要報復啊！」

◆布農人的鳥占傳說

有一回，部落男人們決定在農閒時上山狩獵，第二天準備就緒後，就朝著獵場出發，不料在半途卻看到has-has繡眼畫眉maivili「由右邊往左邊飛」，這是

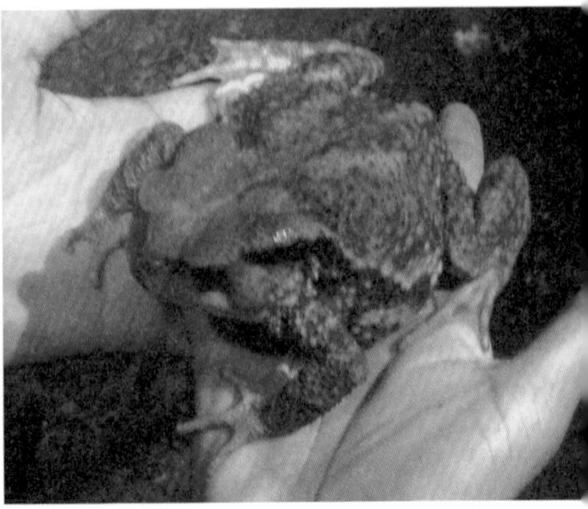

◀癩蛤蟆（黑眶蟾蜍）▶癩蛤蟆（盤古蟾蜍）／賴杏眉 攝影

綠繡眼 / 魏建儀 攝影

一個非常不吉祥的凶兆，依照禁忌，得馬上回家，經過當晚的夢占後，第二天再決定是否上山。但有一位年輕獵人眼看就快要到獵場了，覺得心有不甘，他說服眾人，「祖先的禁忌不必完全相信」，大夥決定聽從他的建議，繼續前往獵場。

到了獵場後，狩獵收穫頗多，獵人們捕到了山羊，還有長角的havag（山鹿），狩獵活動結束後，大家背著獵物回家，快到家時，大家唱起了macilumah，通知家人獵到了山羊與山鹿啦！婦女們趕緊出來迎接打獵回來的英雄們，那位年輕獵人驕傲地背著山鹿走在隊伍的最前面，告訴前來迎接的家人，以後再也不要相信祖先鳥占的禁忌了，那些禁忌是騙人的，話才說完，只見他突然往後倒，躺在地上一動也不動——原來他不小心滑倒，頂在背上的鹿角插進身體裡，本來歡樂的氣氛，馬上陷入親人死亡的哀傷中。從此以後，族人們都很嚴格遵守祖先的鳥占禁忌，以免造成遺憾。

這是一則違反禁忌的傳說故事，讓人驚悚

的意外。布農族在狩獵、出草、戰爭等重要活動進行前，會以鳥占來判定吉凶，對布農族而言，has-has這種鳥好像是天神派出的信使，先把天機透露給祂在地上的子民，在行動過程中，若占卜鳥顯現凶兆，族人通常會立刻停止活動，並於隔日清晨再度進行占卜。

鳥占除了依has-has飛行的方向來判斷吉凶外，牠的叫聲也是判斷吉凶的依據之一。根據住在那瑪夏區瑪雅的布農族長老韃虎的研究，如果部落要出草前，首領會在出發前兩天的早晨，到部落外要出草的路上觀察has-has飛行的方向及鳥的鳴叫聲，若是從右邊飛向左側則為凶兆，可休息二至三天或七天後再占卜一次，再不行，就取消今年的出草行動；若是從左邊飛向右邊則為吉兆。還有要聽取has-has的鳴叫聲，若是悅耳的話，就是吉兆；若是嘈雜的話，就是凶兆。若為吉兆，就會到附近找菅芒草的嫩莖，按出草行動人數切成數小段，回去發放給族人，當作這次行動的護身符。

據說族人現在還是非常相信這樣的禁忌，如果在前去工作地的途中，遇到has-has左飛而沒暫停工作返家的話，總會碰到一些不順利的事。

◆打噴嚏、放屁的禁忌

傳說有一個布農男子早上起床後，發現家裡的火種sag已經沒有了，當他正在準備上山取sag火種時，聽到了小孩子打噴嚏，家人勸他：「小孩子不小心打噴嚏，是個壞徵兆，表示今日出門會有不好的事發生。」勸他今天不要上山，男子卻執意要上山，表示他會特別小心，不用擔心，然後就帶著斧頭出門了。

當他上山後，用斧頭砍下含有松脂的樹時，先是不小心砍傷了自己的左膝蓋，又因傷不慎摔落懸崖下，最後跌死在山谷裡。

據說自從發生死亡的不幸事件後，族人再也不敢輕忽打噴嚏禁忌所帶來的警告。卡那卡那富族也有打噴嚏的禁忌，根據該族中長老翁博學說，若是準備上山工作或出外狩獵時聽到打噴嚏，當天的工作肯定不順利，打獵也不會獵到獵物；如果真的非出發不可，就會把當天的便當再倒回鍋裡，重新裝一次，表示是重新整裝出門的意思。

布農族一般的禁忌，比如從事農耕、狩獵、捕魚等經濟活動，戰爭、獵頭等軍事行為及各種祭儀，這些活動都是不能打噴嚏的。除此之外，也不能遇見蛇、鼠，以及不能放屁。

相傳布農族人上山耕作，若遇見蛇、鼠從路上橫過，就會遭遇不幸，作物也不會有好的成長與收穫；如果上山遇見蛇、鼠等，應立即返家，從事家居的工作。布農族人對於放屁限制很多，例如在日常生活裡，不可以在長者面前隨便放屁，否則要殺一隻豬賠禮；在長者面前隨意放屁，被認為是最沒有禮貌的行為，所以要受很重的懲罰。在收割小米的時候，也絕對不可以放屁，否則小米神會跑掉，以後這家人的小米就會歉收。

◆布農族的八部合音

著名的布農族〈祈禱小米豐收歌〉即是八部合音（pasibutbut），八部合音被認為是目前最接近遠古音樂的唱法，已獲聯合國教科文組織列入「世界音樂文化遺產」。這樣的樂音是怎麼產生的，有來自郡社群的兩則傳說，而正好高雄市那瑪夏區、桃源區的布農族大都屬於郡社群，另一則相關傳說則是來自布農族巒社群。

據說郡社群的祖先在狩獵時，剛巧遇到中空的千年巨木倒下，築巢在其中的野蜂傾巢而出，祖先聽到成群蜜蜂的振翅聲，與中空巨木產生了共鳴，形成一首天然樂曲，因此就把美妙的聲音學起來，代代相傳。

又有一次，祖先上山狩獵，聽見飛泉流瀑和諧的自然樂音，覺得十分悅耳。由於那年收成不好，便練習了瀑布的流水清音，吟唱給天神聽，結果來年就豐收了，於是這種能讓作物豐收的樂音，就此流傳下來。

相傳有一年巒社群的祖先們在田裡收割小米，當年小米田結了滿滿的穗，有許多小鳥振翅飛來，族人學小鳥振翅的聲音，後來演變成現今的八部合音。

布農族的八部合音常被人稱為「祈禱小米豐收歌」，不管是來自蜜蜂的嗡嗡聲、瀑布聲、小鳥的振翅聲等，布農族人都認為這是一種天神祝福的樂音，把大地的天籟當成一種生命的禮讚，布農人的胸懷坦蕩開闊，順時安命，收成不好時，就吟唱美好的聲音，祈求天神祝福；收成好時，也吟唱美好的聲音，感謝上蒼仁慈恩賜，美妙神聖的清音迴盪在曠野中，餘音裊裊。

分享八則跟布農族相關的傳說，而這些故事都有族群特殊的文化背景，透過祖先的傳述，布農的印記將深深融入族人的基因中，一代一代流傳下來，成為堅強又勇敢的生存力量。

註1：nasig 是族人在狩獵或工作時，遮擋陽光的休憩場所。

註2：「山羌種的水」，是族人對於自地底湧出泉水的小水塘的說法，因為這個故事裡，那父子倆重見光明後，看到山羌正在掘地引水，此動作猶如人在種植樹木或作物，所以往後在看到沒有源頭、不會溢出、不會因任何人的取用而減少的水塘，就稱該處是「山羌種的水」。

3 秋涼小米豐收——米貢祭 mikong

文——吳靜鴻
攝影——王春智

米貢祭是卡那卡那富族最重要的節日，祭儀名為milupang mikong，是「結束後的祭祀」之意，是小米收成後的歲時祭儀，也是家族團聚歡慶豐收的日子。

卡那卡那富族於二〇一四年六月二十六日脫離鄒族，正名為臺灣第十六個原住民族，主要居住地為高雄市那瑪夏區的達卡努瓦里及瑪雅里，根據二〇二二年三月底，官方人口統計資料有三百八十八人，實際約有五百多人上下。

父系社會的卡那卡那富族，以農耕燒墾為主、狩獵捕魚為輔維生，發展出族群維持傳統的歲時祭儀與生命禮俗祭典，大致分為：與小米種植有關的粟作祭儀，米貢祭（mikong）是其一；狩獵文化中的獵祭與獵人頭的敵首祭，和以家族為單位的河祭。

傳統祭儀在日治時期起逐漸式微，以水稻為主的經濟作物種植取代小米為主要糧食，

族人分享小米做的小米糕、小米酒與烤肉

歲時祭儀無憑藉可以繼續，加上戰後國民政府干涉社會發展，改信基督教等因素，所有的祭儀幾乎不再舉辦，僅靠部落中耆老的傳唱來維繫，直到一九九二年才恢復舉辦米貢祭，二〇〇三年起，成為族人每年必辦的祭典活動。

米貢祭是卡那卡那富族最重要的節日，祭儀原名為milupang mikong，意思是「結束後的祭祀」，既是小米收成後的歲時祭儀，也是家族團聚歡慶豐收的日子。

相傳古時有位卡那卡那富的男性族人，有一天肚子餓，到野外挖山芋充飢。他沿著山芋根部往下挖，越挖越深時現出一個大洞，這位族人在好奇心驅使下，整個身體順勢潛入地洞中，發現裡面有一棟房子，住著一個叫Tamu'ʉnai的小矮人（後來成為地神），Tamu'ʉnai拿出餅來款待族人，他

2017 年在瑪雅祭壇舉行的米貢祭

嚐後覺得美味極了。Tamu'ʉnai並說明餅是用小米（vina'ʉ）製作的，族人祈求Tamu'ʉnai給他一些小米種子，Tamu'ʉnai毫不猶豫答應，還給了族人大角豆（nʉpʉnʉpʉ）、樹豆（'ari-cang）等種子；最後並囑咐族人，今後在小米收割完、舉行小米祭儀的時候，必須感謝呼喚地神之名。

族人將Tamu'ʉnai給的種子帶回部落種植，後來這些植物都成為卡那卡那富族人的主要食物，因此每年在小米豐收與入倉儲存後都會辦理米貢祭，一方面祭祀偉大的天神，祈求祂保佑風調雨順，族人安康；另一方面祭祀地神，感謝祂賜予作物的恩惠。

神話傳說支撐族群的價值體系，小米是地神賜予的神聖食物，族人代代相傳的飲食文化而有的美味是珍饈，如小米蒸煮後捶搗可作小米糕（pepe）當祭品；加入蒸熟的芋頭、地瓜、香蕉一起搗爛，可以做成黏糕（cunuku）當作乾糧；舉行祭典前，釀製風味獨特的小米酒，更是必備的祭品。而卡那卡那富族釀酒時要遵守規則，像是，必須由女性釀酒，期間男性禁止進出；釀酒過程不能讓別人看到，特別是懷孕的婦女；負責釀酒的女性，不能吃酸性食物，否則酒會變酸等禁忌。

如今每年米貢祭大約在十月中旬，代表一年的結束，以此慶祝小米豐收，由全族人共同在男子會所（cakʉrʉ）盛大舉行。

◆米貢祭主要的祭儀流程

一、祭典前的準備工作

祭典前幾天，頭目會先召集家族長老舉行部落會議，研商各項傳統活動，並展開多項準備工作，有除舊佈新的意思。如收成新米、清洗整理家屋、清洗家中所有器具、共同整理與修繕男子會所、打掃公共道路、準備祭品（製作小米糕、釀小米酒等）、上山狩獵、下溪捕魚、做好避邪工作（部落婦女會在祭典當天一大早，先在家裡四周，祭典場地周圍及男子集會所出入口等道路兩邊，豎立打結的芒草，驅邪避凶）等。

二、好夢占卜，點燃塘火

祭典當天所有族人都會盛裝來到男子會所（祭壇）前廣場，主祭長老會請各家族長老至男子集會所集合商議，確認各工作事項，提醒祭儀中的禁忌，再各自詢問家族男性成員中

▲ 做好夢的男性族人舉著火把跑向男子會所

▶ 豎立在祭壇周圍打結的芒草

❶ 各家族舉行家族團祭，共食新米

❷ 家族互訪時會帶著「昂布樂格 'ʉmpʉrʉkʉ」（山蘇葉包裹小米糕、豬肉等），族人暱稱為「分享包」，互相餽贈，傳達祈福分享的心意

❸ 各家族熱絡串門子

❹ 各家族備妥祭品，到男子會所前集合輪流獻祭

有無做好夢的人，尋求好夢，是祭典的開端，做到最好的夢之人，會帶來好兆頭。所謂好夢，像是男女曖昧之夢、收受禮物之夢、歡聚之夢、無夢等等，確認後主祭長老會請做好夢的男性族人，上男子集會所點燃塘火，宣告祭典正式開始。

三、家族團祭，共食新穗

接著族人們先回到自己的家屋進行家族團祭，祭品會有小米酒（pa′ici vina′ʉ）、小米糕（pepe）、魚（vutuk-uru）、肉（′araam）、煮熟的新米等，家人圍著家屋中懸掛小米束（該年最好的小米種子）的主柱，每人撕捏一小塊小米糕，並用右手（忌用左手）相互搭肩，在家族長老祈唸祝福話語後，一一將小米糕黏在主柱上（象徵族群能如柱子般牢固），並開始食用新米。

各家族祈福完畢，家族長老也會到其他家族去獻上祝福，並邀請其他家族到家裡來分享與交換食物，這是米貢祭中最具歡樂氣氛的儀式。

四、狩獵戰功

稍後主祭長老會呼喚各家族男士前來男子會所集合，此時各家族會將備妥的祭品，如酒、小米糕、魚、肉裝在木盤或對剖的竹筒等容器上，帶到男子會所前集合輪流獻祭，結束後每人手指沾酒向上點拋，呼喊tamu（所有神靈的總稱）之名後，依序上到男子會所，之後主祭長老會帶領男士們開始報狩獵戰功，各家族男士可在眾人之前，炫耀自己的功績與英勇表現，也向天神祈求來年會有更好的收穫，此舉有激勵族人士氣並表達對天神感謝之意，再來主祭長老要男士們手捧祭品圍著男子會所的主柱，進行奠酒祭拜儀式，主祭長老口唸祈福語後，每人會將小塊小米糕黏於主柱上並敬喊tamu之名，晚輩此時則將祭品分給族人，每人拿到後右腳需用力向下踏跺，再次感謝所有神靈的賜福並祈求來年豐收，最後大家在會所邊吃邊聊邊唱著古謠。

男士們在會所上分享祭品

會所上男性族人分享祭品給婦女及小孩

五、祈神福佑儀式

當男子會所祭拜儀式結束後，主祭長老會呼喊所有家族的婦女和小孩們前來參加祭典，他們僅能在底下圍著男子會所，會所上的男性族人則會將祭品分給下面的婦女及小孩們，在主祭長老唸完祈福語後，大家要將手中小米糕黏到會所的柱子上，並口唸tamu之名，祈求上蒼的福佑。最後全體族人獻唱祭歌《Cina Cuma》（母親父親）。

《Cina Cuma》是一首哀傷的祭歌，只能在米貢祭的祭典中獻唱，它來自一個久遠的傳說故事。相傳從前有個少女名叫'Usu，自小獨立上進，學會各種生活技能，有一天部落男性們要上山狩獵，她想跟著去學習狩獵技能，但狩獵是男性的工作，女性不能參與，於是偷偷跟隨男性上山，狩獵隊伍的成員在半途看到她，一再勸她回去，但她不肯放棄，還是尾隨來到了獵區，這次狩獵隊在山上進行焚獵，放火將野獸趕出來圍殺，沒想到'Usu卻誤入焚燒區，等到發現時，大火已將她團團圍住了，火勢猛烈，無處可逃，她只好爬上一棵大樹，被燒死之際，她在高聳的樹梢上仰頭呼喊Cina Cuma（母親父親），然後化為一縷輕煙升上了天。族人為了紀念她勇敢進取的精神，於是在她家門前插了一支箭，並把〈Cina Cuma〉作為祭歌，在祭儀時由全體族人共同吟唱。

唱完祭歌之後，等男士們從男子會所下來，全體族人在會所前廣場圍成半圈，接受主祭長老的祈福儀式，主祭長老揮動苧麻繩（ngiri），向天神及祖靈口說敬語，之後繞場將苧麻繩讓每人觸摸（代表往後走過深山大河都會很安全），口中同時發出窸窣聲（可將好的福氣吸到身上）。繞完後主祭長老再拿出藜實種子（kuarʉ），同樣先向天地神靈及祖靈祈謝，再一一放在每人頭上行祝福禮，此時主祭長老會說narangmusu，族人則要大喊korusu，誠心接受這份祝福，也宣告米貢祭的祭儀圓滿結束。

族人輪流觸摸苧麻繩接受神的祝福

祭儀結束，會場上卡那卡那富族人仍在傳唱傳統歌謠，藤橋歌、取笑歌，歡樂歌，並跳舞助興來表達敬天謝地、慶祝豐收、家族團聚的歡樂喜悅。近年來也會邀請其他族群共襄盛舉，在儀式完成後，現場的表演活動，有來自拉阿魯哇族、布農族等鄰近各族朋友的參與，除了讓活動更豐富精彩之外，還能讓不同族群的朋友互相觀摩、學習與交流。

第一次被地神賜予的種子，孕育了卡那卡那富族的生命，從此立下約定，年年表達感謝與敬意。每一次的豐收，就像是許下的承諾，與這片土地溫柔相待而不負祖靈的期盼，雖然米貢祭從傳統的連辦五天到停辦，再次復振後的祭儀只濃縮為一天，但是族人對天地神靈及祖靈的感恩敬謝，與祈求福佑的真誠心意卻是從未改變，希望每年十月秋涼小米豐收的季節，屬於卡那卡那富族獨特迷人的傳統文化祭儀——米貢祭，能夠在楠梓仙溪河畔永遠傳唱下去。

2017年在瑪雅祭壇前的傳統歌舞表演

4 敬天愛地——河祭 Kaisisi Cakuran

文——吳靜鴻
攝影——王春智

在此定居的卡那卡那富族各家族，以溪流為單位劃分出不同的勢力範圍，族人們要去捕魚之前，會在自己範圍內的溪流舉行簡單的祈福儀式，是一種小型的家族性祭河儀式。

原居於那瑪夏區瑪雅里和達卡努瓦里的卡那卡那富族，本來被視為南鄒族分支，但語言和祭儀與鄒族全不相同，因此自一九九〇年開始，展開長期的文化復振運動。除早期成立的「鄒族文教協進會」、「三民鄉鄒族協會」等民間社團，二〇〇四年更成立「臺灣卡那卡那富族文教產業發展促進會」，積極推動尋根之旅、教授族語、陸續恢復舉辦重要傳統祭儀米貢祭與河祭，和重建男子會所（Cakuru）等族群事務，在此過程中逐步凝聚共識，找回族群與部落的集體認同。河祭是除了米貢祭之外，最重要的族群祭典。

相傳四百多年前，卡那卡那富的祖先來到幽靜美麗的那瑪夏溪中上游，在今藤包山山腰平台發展出大聚落之後，才逐漸遷居溪岸兩側台地落地生根、安居繁衍。他們發現此地溪流清澈潔淨，並有那都魯薩溪（Natulusa）、那尼薩羅溪（Nangnsaru）、那次蘭溪（Natslna）、達卡努瓦溪（Daganua）及貼布貼爾溪（Tebuter）等支流匯集，豐沛的溪水蘊藏豐富的魚、蝦、蟹，深潭中還有美味的水藻（Kunamu），提供族人全年享用不盡的食物。為了感念天神與河神的恩典，發展出敬天愛地並蘊含生態保育觀念的獨特祭儀——河祭。

在此定居的卡那卡那富族各家族，以溪流為單位劃分出不同的勢力範圍，族人們要去捕魚之前，會在自己範圍內的溪流舉行簡單的祈福儀式，是一種小型的家族性祭河儀式。通常在每年八、九月颱風過後，溪水豐沛時期舉行，族人要先有好的夢兆，隔天由家族長老聚集族人，攜帶祭儀用具及食物（忌帶豬肉、芭蕉）、米粒前往溪流落差大的潭邊開始祭典。

先由負責祭儀的祭司帶頭祈求天、地、河神保佑族人平安，並祈求諸神賜福，魚蝦豐收，活動順利圓滿，接著祭司會手持一束芒草對著潭面左右擺動，口中念誦咒語，引渡河神，並嚼咬米粒撒入河中祭河神，希望肥美的魚群快來覓食，再由男性族人用長桿魚網接撈逆流跳躍的大魚。原則上，留大放小，只取二十至三十公分以上的鯝魚，因此，河祭也稱魚撈祭或鯝魚祭，待打撈足夠魚獲，取一部分現場烹煮共食，其餘由長老平均分配給參與河祭的族人，最後由祭司代表向天神祝謝，整個祭儀圓滿結束。

傳統的河祭以家族共享魚類資源的精神為出發點，並沒有繁複的祭儀，後來因各家族分段擁有捕魚權的制度瓦解，河川生態改變，加上傳統文化消滅，河祭在上世紀五〇年代就無以為繼。卡那卡那富族再復振的河祭活動，在一九九三年五月楠梓仙溪流域為政府設為高山溪流魚類保護區，並畫設限時限地開放垂釣區保育溪流生態，才逐漸受重視。

楠梓仙溪發源於玉山主峰西南山麓坡面，經本區流入甲仙、杉林、旗山至嶺口與荖濃溪會合，在中上游河段盛產鯝魚、臺灣石賓魚、臺灣馬口魚、臺灣間爬岩鰍、何氏棘鲃（魞），以及早期的保育物種高身鯝魚和鱸鰻等魚類。一九九六年九月，為配合開放垂釣的開幕儀式，舉辦「鯝魚祭」，希望將卡那卡那富傳統個別家族護溪的概念，轉換成一個符合現代河流保育精神的祭儀。

透過訪談族中長老對過去祭儀的記憶，經過整理編排，設計出獨特的河祭儀式，包括展演傳統歌舞及釣魚比賽等活動，形成既強調生態保育又富含卡那卡那富傳統文化的現代版河祭，並逐年重演、微調，漸漸形成規制，於今呈現的卡那卡那富河祭文化活動。

◆以活動紀實的河祭敘事

二〇二一年三、四月，參加旗美社大的「走一條回家的路——卡那卡那富文化探索」課程，由部落長老翁博學及母語老師翁美英帶領認識卡那卡那富族的生活文化，並在三月二十七日參加部落舉辦的河祭；這是我的卡那卡那富族文化活動初體驗，感覺特別興奮。

三月二十六日晚，河祭前一夜，達卡努瓦部落充滿濃濃的節慶氣氛，年輕人積極排練歌舞，婦女們忙著準備祭品及招待賓客的食物，祭司（'Uruvu）將第二天一早需要用的配備，像是傳統服飾、佩刀、酒、米粒、地瓜年糕（飯）、竹製杯筒容器、魚叉、魚筌、魚簍、苧麻繩（ngiri）、芒草、蘆竹、魚網、火把、魚藤，以及山棕雨具等等都準備齊全。

三月二十七日祭典當天，婦女們先在家裡將無毛芒草葉打結，並豎立在男性族人前往溪流會經過的路旁，做為結界以避邪。祭司則先把米粒放進特製小容器（Pu-pungatingei），再裝進Vavaunii裡，掛在脖子上。男性族人穿戴傳統服飾、皮帽及佩刀，分提各項祭祀器具、漁具、食物，身披山棕雨具，於清晨五點瑪雅祭壇男子會所（Cakuru）前廣場點燃火把，在祭司帶領下

❶ 祭典前準備招待賓客的食物 ❷ 男性族人穿戴傳統服飾、皮帽及配刀，點燃火把準備出發
❸ 身披山棕葉編織的雨具

出發前往今年舉行祭儀的地點瑪雅吊橋下河段溪邊，已事先搭好獵寮和休息區；抵達之後大家圍成圓圈，保持肅穆準備祭儀。

雖然是家族性小型祭典，仍有六道儀式如下：

一、首先祭司會唸一段感謝天神、河神賜予豐盛漁獲，並祈求來年也能夠繼續保佑族人平安豐盛等等祈祝語，隨後取出一束苧麻繩沾酒，將手抬高左右揮動，再逐一向在場男性族人，行沾酒按立祝福之禮。

二、接著眾人由祭司帶領，跟隨火把來到溪流旁邊，祭司先手持一束芒草，對著河面左右揮動驅除邪穢，隨即將芒草用三塊石頭疊壓在溪邊大石頭上做記號，除了有請求河神庇佑之意，也有敬告別的家族「請勿擅入我的家族漁獵流域範圍」的用意。

三、此時祭司再次取出苧麻繩沾酒，面向河面左右揮動，口中唸著祈福語，同時把米粒嚼碎灑入溪流中餵食魚群，並告訴河中魚群不用害怕，快快長大。

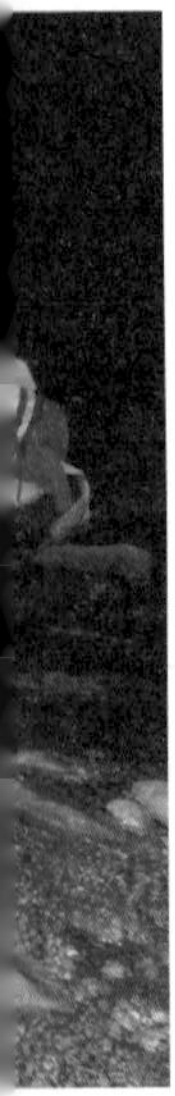

眾人跟隨火把來到溪流旁邊

◀用石頭搗碎魚藤毒魚法 ▶使用魚筌的捕魚法

四、接著男性族人紛紛下到溪流中，展示各種傳統的漁撈方法，如用石頭搗碎魚藤的毒魚法、使用魚筌的捕魚法、火把誘魚的魚叉捕魚法、魚網空中攔截的網魚法、嚼碎地瓜放入蘆竹中誘魚蝦法……等。

五、最後祭司在河旁的大石頭上，再次揮動手中的苧麻繩順勢倒上一杯酒，並用族語向天神及河神表達感謝及諾約，正式結束祭儀。離去前並將身上的山棕雨具放置在溪邊大石頭上，並用三塊石頭壓著做記號。

六、結束後，家族成員協力收拾漁具，走回河岸邊臨時搭建的簡易獵寮休息，分享著帶來的酒、地瓜年糕（飯）等食物，耆老們會率領族人吟唱古謠並傳授漁獵技巧。

此刻，天色漸漸亮起，山谷中迴盪著族人們低吟的古謠聲，讓人有種莫名的感動，也為此年清晨河祭祭儀畫下圓滿的句點。

稍事休息後，男性族人帶著各式漁具，在祭司的帶領下，循著原路緩緩走回瑪雅祭壇，部落婦女們及與會嘉賓長官們早已聚集在男子會所前的廣場迎接，接著以傳統慶典的方式，舉行祈福儀式及各項傳統歌舞表演，與規劃的小朋友族語比賽等項目。中午則準備部落風味餐招待與會嘉賓，下午還會配合傳統技藝項目舉辦趣味競賽，以及各家族耆老講古活動，除了培養兒童傳統技藝及漁獵技巧，也傳遞部落中生態保育的觀念，成為卡那卡那富族極具特色的傳統祭典活動。

各項傳統歌舞表演

◀ 翁長老示範如何在蘆竹中放置嚼碎的地瓜來引誘魚蝦　▶ 翁長老示範如何使用魚叉刺魚

◆傳統文化與禁忌

參與河祭前一晚，由翁博學長老帶領學員前往達卡努瓦溪邊，親自操作示範講解族人各種傳統的漁撈方法，並說明如何用三塊石頭疊壓芒草來宣示各家族的領域，例如，只壓一束芒草，代表以石頭為中心，上下游各一五〇公尺；再壓上另一截芒草指向上游方向，則代表石頭往上游三〇〇公尺的範圍，各家族均以三〇〇公尺為限。

翁長老分享他最喜歡的事物，到深潭邊用網子或芒草稈撈取採集好要迅速料理的水藻，最常見的烹調方式是先用一兩隻魚、蝦或螃蟹熬好一鍋湯，再將之撈出，關火，把清洗好的水藻放入高湯中攪拌，即可食用。

祭典有儀式就有禁忌，河祭的幾項禁忌為：一、不能打噴嚏、放屁，代表不吉利，出門容易發生意外事故；二、不能讓小孩子看到祭儀用品，尤其小女生容易打噴嚏；三、儀式前不得先下溪，怕河神不高興；四、魚網不得在上游清洗，否則會汙染下游，魚兒會游走；五、不許攜帶肉品、芭蕉，因為魚兒不喜歡腥、甜、酸、油等氣味；六、芒草必須是無毛的五節芒，才有避邪功能；七、女性不得參與河祭，因有月事，身體氣味重。

很開心能有機會參與旗美社大安排的二〇二一年的河祭體驗課程，除了能夠近距離觀察與記錄祭儀外，還能夠進一步體驗卡那卡那富族的傳統漁獵技巧，並深入了解其漁獵文化內涵，這真是一場令人印象深刻、精彩獨特的原住民文化祭典。

◀ 翁長老講解如何使用三塊石頭疊壓芒草來宣示領域 ▶ 學員體驗如何使用魚藤毒魚

5 布農族年度盛典——射耳祭 Malahtangia

文・攝影——陳麗年

射耳祭是布農族一年當中最盛大且重要的祭典，多在每年四、五月間，正是小米播種後至秋收的農閒時刻舉行。

最初，布農族居住於中央山脈兩側，是典型的高山民族。以居住史來看這個遷徙的民族，十八世紀時，從世居南投山區開始大量遷移，其中一部分布農族人沿著中央山脈南移至台東與高雄交界的山區，日治時期政府施行「集團移住」政策，再度移居現今那瑪夏與桃源等地區。

臺灣原住民中，布農族傳統祭儀最多，由於重視主要糧食小米的收穫，發展出一系列繁複而長時間的歲時祭儀，並起以植物的榮枯與月亮的盈缺決定農事和狩獵活動，例如，楓香葉落發新芽前播種小米、月缺驅蟲和除草、月圓收割並舉行收穫祭，諸多祭典中，射耳祭是布農族一年之中最盛大的祭典活動。

◀山棕圍籬 ▶頒獎

二〇一九年六月七日恰逢端午節，第一社大生態社師生伴隨著長期研究蒐錄原住民文化的「高雄市臺灣山地文化研究會」洪國勝會長進入那瑪夏，參加布農族的射耳祭malahtangia。這是我第一次參加布農族的祭典，既興奮又期待，現在想想，能在那年躬逢射耳祭盛事，是何等幸運，否則再過半年，新冠肺炎（COVID-19）大流行席捲三年餘，全球活動因瘟疫蔓延不是停辦就是限制人員，射耳祭亦然，只有布農族人自己進行祭典，我們這些外人無法進入參與。

猶記得，滿懷好奇又雀躍的心情進入祭場，活動主持人正利用祭典前的時間，以原民語大聲唱名卡拉OK競賽勝出者上台受獎。祭場中最先吸引我的是色彩繽紛的原民服，經洪會長說明，才知道布農族的祭典大都具有排外性，但射耳祭是可以允許不同社群的人參與，所以當天布農族的射耳祭場上，除了布農族外，還有卡那卡那富族和拉阿魯哇族，並發現祭場周圍以竹枝和山棕做成圍籬，山棕是原住民的避邪植物，以山棕做圍籬阻擋不懷好意的惡靈進入祭場，同時也是隔絕閒雜人等進入，以祈祭典過程一切順利平安。

射耳祭是布農族一年當中最盛大且重要的祭典，多在每年四、五月間，正是小米播種後至秋收的農閒時刻舉行。來自不同區域、不同家族的族人都會在這一天相聚，彼此分享一年的生活。活動的目的是尊敬善獵的英雄、教導小孩學習射擊，同時藉以祈求獵獲豐富與孩子成長平安順利。

印象中，當天祭典一開始，主持人用麥克風大聲說，「射耳祭具有訓練戰技、教育、文化傳承，以及部落團結合作、聯絡感情和祈福的意義。」布農族既活躍於高山闊水間，個個是善射的獵人，藉舉辦射耳祭典肯定布農族男性在部落中的地位，同

◀釀小米酒 ▶鹿耳

時將射技傳授給下一代。

射耳祭的耳主要是指鹿耳，因為山鹿的體型比山猪和黑熊都來得大，能夠射到山鹿的人會被視為族裡的英雄，射耳祭典前，部落男子需上山打獵，婦女則釀造小米酒並祈求吉祥夢。祭典前一天下午，婦女們會到約定的地方等待獵人帶著獵物返家，獵人會鳴槍傳訊息，通知部落族人他們已打獵歸來，獵人獻上獵物，婦女們獻上小米酒，然後一路高歌歡唱返家迎接祭典。

射耳祭當天，獵人們帶著自己的獵具，前往祭司家舉辦祭槍儀式，由祭司帶領大家吟唱祭槍歌，祈求平安順利、狩獵大豐收。祭槍後是祭獵骨，此舉是對獵物的靈魂表達致意，由最英勇的獵人將獵物下巴骨一一掛起，祭祀完畢之後，族人到射耳場集合。

接下來是重頭戲，由長老們開始拉弓放箭，射

◀分食山羌肉 ▶教小孩射耳

報戰功

向預先準備好的野獸耳朵，接續換男孩們射獸耳，最後上場的是成年男子；完成射耳之後，長老會將當天祭祀的烤肉分給男孩們，揉吹他們的耳朵，祈禱男孩們長大皆能成為英雄。此時，射耳活動已進入尾聲，族人開始分食祭拜過的烤肉，分食時不可剩餘或不足，所以事先一定要確實清點人數。

族人很熱情地分肉給我們生態社師生，小米酒一杯接一杯，用小竹筒盛裝著的小米酒特別好喝，大塊大塊的水煮山羌肉，竟然不會有令人難以下嚥的腥騷味，很是特別，我們邊吃邊觀看族人唱歌跳舞報戰功，勇士們各自以布農族語大聲誇耀射獵的英勇事蹟，經洪會長解釋後才明白，他們是在炫報自己捕獲多少頭山豬啊、山羌啊、山羊啊……各種獵物。

豪邁雲象

此時，我看到天空的雲象非常豪邁，如同布農族男士們飛奔在山林中追逐獵物，也彷彿祖靈們親臨祭場，天空的湛藍是布農族婦女們舞動飛揚裙襬的那一片藍。

射耳祭典結束後，拉阿魯哇族人獻歌獻舞同歡，表演並簡述miatungusu（聖貝祭）ta-kiaru（貝神）的由來，以及翁博學理事長帶領卡那卡那富族人表演米貢祭，因為布農族的射耳祭帶來融合多元族群，不同族群會來此共襄盛舉。

這次到那瑪夏參加布農族的射耳祭，同時還可觀看到少數族群拉阿魯哇族和卡那卡那富族的展演，真是難得啊！

取火的人，在世界各地神話中都是文明的象徵，
布農族神話中的海碧斯haipis也是如此，
讓人類得以在蠻荒中活下來，
取得族群延續才有文化累積的機會。

本篇藉由布農詩人卜滾、陶藝家李文廣，
以及讓世人認識那瑪夏的布農人朱文華，
與更多在八八風災中堅持下來，為地方保持活力的人，
他們如何像取火的海碧斯haipis一般，浴火重生。

取火的人

那瑪夏詩篇——二

1 詩人與獵人——布農族詩人卜袞 Bukun

劉嘉蓮

〈居住在心坎兒的鳥〉

天神給每個人種下了愛苗
原本是寂寞
原本是牽罣
原本是淚水
原本是微笑
原本是期望
原本是山和雲
原本是星亮和月光
原本是水和氣流
原本是心念

動物的血成了男人
用以
討好的羞赧
動物最後的哀鳴成了女人
的 耳語
於大地沉靜時
妳的眼睛是我森林取暖的火
像
夕陽餘暉照射快樂玩耍的鹿
妳的手是我用來治療背疾的龍葵菜註
就像
移開遮掩大地黑暗的黎明使者一樣
妳的淚水成了使人羨慕的蜂蜜
就像
山羌種的水一樣甜美
妳的臉變成了百合花
就像
春天將大地給開啟

我的快樂原是妳的
我的淚水原是妳的
我的微笑原是妳的
我的思念原是妳的
我的夢境原是妳的
妳是天神種給我
的
緣

◆為愛朗讀

在「卜谷嵐自然生態休閒農園」下著微雨的午後，我們坐在室內喝著布農詩人卜袞泡的茶，吃著點心，把帶來的兩部作品，請他簽名，並和他聊起我最喜歡其中的一首詩：〈居住在心坎兒的鳥〉。

這是一首情詩，是寫給他的妻子Miko。坐在身旁的Miko說她從來都不知道關於情詩的事，於是大家就請卜袞朗讀給Miko聽，被含蓄的詩人婉轉拒絕了，於是我自告奮勇地說，我來讀吧。

也許是山上煙雨迷濛，午後微潤的空氣，溫醇的茶香，讓卜袞原本就充滿音樂性的詩，輕輕的誦讀，更添韻味。朗誦餘音未竟，同行的夥伴，眼眶已濕。看著氣質優雅來自泰雅族的Miko，清亮的眼神，恬靜的面容，還有如百合花的微笑，像一隻小鳥翩翩飛入另一半的心裡，一切都在不言中。

有關詩的對話就從這裡開始……

這首詩最美的地方，在全詩無一字跟鳥有關，但標題正是破題所在，只有懂布農的女性象徵習俗才能體會此詩的美。布農族認為女人是鳥，鳥會隨時離開，家族的根是男性，固著在祖先的土地上，生死不移；當這隻美麗的鳥願意長住在心坎，不再飛走，便是一份值得好好珍藏的愛情。

甜甜的「山羌種的水」，來自射日後的傳說；當時天地一片黑暗、伸手不見五指，射日父子就用投石問路的方法，藉由石頭落地的聲音來判別路徑。當他們往前

◀卜谷嵐自然生態休閒農園 ▶卜袞老師與本文作者

丟一顆石頭，聽到「嘎」的一聲，整個世界突然亮了起來，原來石頭打中在那裡「種水」的山羌。

在傳說裡，他們看到山羌正在掘地引水，猶如人在挖地種植作物，從此看到從地底源源不絕的湧泉形成的小水塘，就稱這小水塘為「山羌種的水」，山羌種的水，是甘甜的湧泉，正好象徵愛情的醇美。

山羌「種」水，而天神為我「種」愛苗，「種」字動詞下得精采，一個字就讓畫面靈動起來。卜袞提到「緣」這個字，族語是「Valangvisvis」，有「天生註定」的意思，一切美好的相遇，都是天神早已做好的安排。

卜袞聊到布農族的婚姻制度提到，早期布農人是沒有自由戀愛這回事，婚姻大事通常由父母親做主，透過父母介紹講婚，結婚時雙方才第一次見面，但他跟學音樂的師母Miko夫妻「緣」是來自自由戀愛，據說也是族裡第一對穿著傳統布農族服結婚的新人，至今說來還讓人印象深刻。

◆詩集《山棕月影》與《太陽迴旋的地方》

卜袞，全名卜袞．伊斯瑪哈單．伊斯立端（Bukun Ismahasan Islituan），布農族人，曾任「布農文化發展總社」社長，以及「財團法人原住民族文化事業基金會」第二任董事長，也曾主編《山棕月語》季刊，長期致力於族語研究與推廣，並從事族語文學創作。

一九九八年與林太、李文甦合著《走過時空的月亮》時，封面署名為「林聖賢」，作者介紹另列出布農族名為「瑪哈單・卜袞」（Mahasan Bukun）。一九九九年出版第一本詩集《山棕月影》，書封作者為「伊斯瑪哈單・卜袞」，漢名「聖賢」，這時已是布農族名為主，漢名為輔。過了十年又出版第二本詩集《太陽迴旋的地方》，作者Bukun Ismahasan Islituan，下列漢文翻譯「卜袞・伊斯瑪哈單・伊斯立端」。從作者三次署名上的變化，反映了臺灣原住民自覺勃發的過程。「**正名不是要告訴世界什麼，而是要告訴自己我是什麼。**」在《貝神的呼喚》一書裡看到這兩句，我想正可以呼應原住民族尋求正名的自我價值。

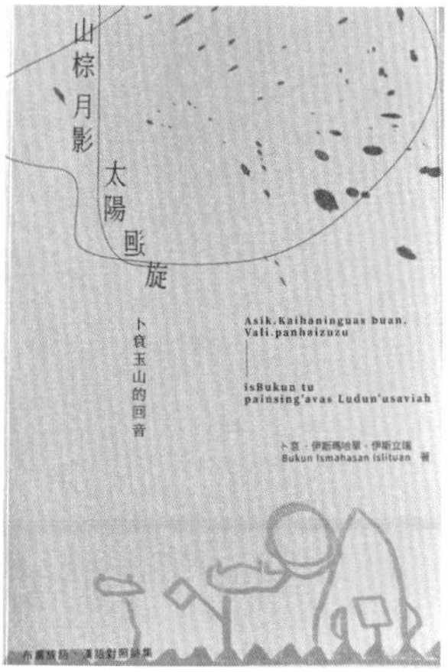

《山棕月影太陽迴旋》書影

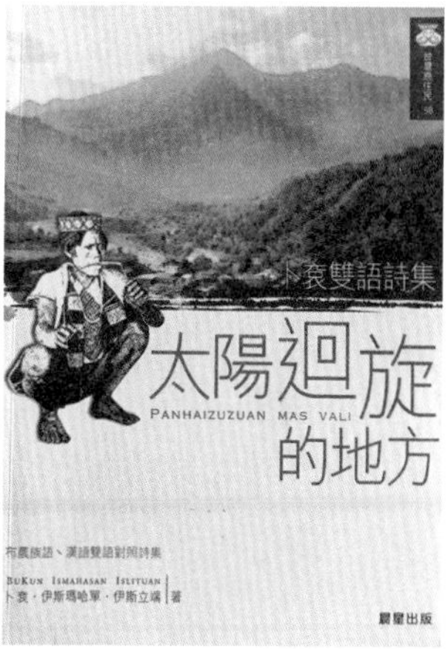

《太陽迴旋的地方》書影

《走過時空的月亮》書影

卜袞多年來推廣布農族語言努力不懈，他經常說到，「沒有文學的語言，是死亡的語言。」卜袞的詩歌創作與其他原住民詩人不同之處，在於以布農族語書寫，以母語來思維與想像，所以展現強烈的文化空間，原民族群氣息濃郁，傳統部落精神洋溢。

以母語創作，再讓自己翻譯為漢語詩，讀者就算從漢語文化的觀點來閱讀，也沒有障礙，只有神話傳說與群族禁忌需要額外加註，他以精巧的中文造詣，在兩種語言之間轉換；用詞精準、通暢明白、簡明優雅，臻於「信」「達」「雅」的境界。詩句是語言的結晶，要求音韻和諧和文字精練，而翻譯詩句，更是大的挑戰。

卜袞很早便為族語式微而憂心，是一位有文化使命感的詩人，他希望布農文化能透過文字書寫的方式保留下來，進而以文學的形式讓部落文化延伸，最後讓布農文學成為優雅的原民文學。

他的詩集涵蓋神話與傳說、大地與生靈、部落禁忌、狩獵文化以及人性情感，書中有不少關於布農族注重和諧的自然生態觀，強調文化價值在於與大自然對話，對於布農族人而言，人並不能獨立於自然之外，布農人就是大自然。

訪談中，卜袞提到二〇〇九年寫《太陽迴旋的地方》詩集時，大部分在山上的工寮完成。剛住進去時，牆壁只是薄薄的一層鐵皮，非常簡陋，也沒有電燈，寫作時都用蠟燭，但那裡有皎潔的月光，有螢火蟲飛舞的夏夜，懷抱著對祖靈的孺慕之情，在靜謐的森林裡，寫下歌頌祖靈的詩篇。

二〇二一年魚籃文化將卜袞的《山棕月影》和《太陽迴旋的地方》兩本詩集合刊成一本，重新再版，書名為《山棕・月影・太陽・迴旋：卜袞玉山的回音》，讓我們可以重新聆聽來自玉山下的回音，以布農族語與漢語雙聲帶，突破空間與時間，誦讀著布農族美麗動人的傳說與故事。

◆詩的二三事——煙斗與肚臍

〈祖母〉

祖母坐在山頂的石頭上
煙斗冒著的煙
隨著微風尋找夜宿的地方
太陽也已坐在即將越過的山頭頂上
祖母仍等著背負行囊的兒子

懶得回家了

想要長居在工寮
孫子們另找了別的母親
兒子也娶了兩位
慌亂著兩邊走動

有人尋找祖母
據傳留有與祖先碰面的法器
兒子被重物給壓鈍了
孫子們不在意祖母的煙斗
夜幕即將拉下
煙斗裡的煙絲即將燒盡
祖母最後一次回顧
背行囊的人仍未出現
祖母站了起來
顧慮著
是
要前進
或
繼續等待

太陽卻不知不覺失了蹤影

＊卜袞註：關於語言，二〇〇二年四月九日於工寮半夜

若不是讀了詩人的注解「關於語言」，恐怕也難體會詩意背後想傳達的意義，破題處藏在最後的注解裡，是精心安排的巧思，讓讀者在曲徑通幽後，探看詩文的真諦，而對族語的可能消失，提出深刻的省思。

他分享這首詩的寫作初衷，祖母是象徵文化傳承者，而「煙斗」則是一種意境的描寫，煙霧會隨風飄散消失，就如同布農族語的漸漸式微，上升的煙火也象徵跟祖先的聯繫，透過繚繞的霧煙，好像可以跟祖靈對話溝通一般，就跟漢族的原始宗教裡祭拜時捻香祝禱可達天聽的概念是一樣的。「煙絲即將燒盡」，代表語言傳承的危機；「背行囊的人仍未出現」則是對語言傳承中斷的憂心。卜袞就如詩中的祖母角色，是布農文學的傳承者，也是啟迪者，更是推手，而他期待有布農文學的接棒者，「背行囊的人」能早日出現。

〈牢〉

給我可以撥開藤蔓的東西

不要給我阻擋陽光的孤寂
給我可以砍除我紛亂無序的心的武器
亮光進出的隙縫那裡去了呢

不要將你在我夢中的笑容收回
所有的小孩都說
父親的手是家中圍牆的基石
母親的胸膛是最溫暖的被
我靠在石頭砌的牆的背是冷的

老鷹到我這兒聊天
百步蛇來找我玩耍
嘟嘟鳥仍懼怕回家
螢火蟲在夜裡邀我出遊

你們飢餓於妒忌
你們飢餓於貪圖
你們飢餓於講是非

你們飢餓於當首領
你們飢餓於交友
你們飢餓於出風頭
你們飢餓於……
不過
我飢餓
因為
肚臍斷了

於公元兩千年八月十一日

詩人說這首〈牢〉一開始就先下了標題，以「牢」來象徵多元文化衝擊後人心的困頓，面對創作當思維慢慢成形，書寫自然就水到渠成了。

這是一首對工業文明入侵部落後所造成的影響，展開思索與批判的詩，全詩以象徵手法寫孩子在現代資本主義社會下與傳統部落的父母斷離，表面上寫親情的割裂分離，實際上寫的是文化的斷層與切割，以親情跟文化交錯分呈，雙向書寫。被資本主義摧殘與異化的部落文化，不再是堅固的石牆與溫暖的被褥，人為了脫離母體，會不擇手段「飢餓」的吞食，但吞下的是貪婪、妒忌、權勢，而最後「肚臍斷了」，飢餓卻依舊。標題的〈牢〉正是破題的關鍵，好的題目是文章的眼睛，也是整首詩的靈魂，就如同這首詩，敘述與部落文化斷離後，反而被現代資本主義社會的妒忌、貪圖、是非、權勢、應酬、出風頭……關在自己的「心牢」裡。

詩中有許多自然界的動物「老鷹、百步蛇、嘟嘟鳥、螢火蟲」伴隨著詩中的「我」出現，這些生靈都是日常部落裡親切的友伴，正好與詩中被種種現代化文明關在心牢的「你們」形成對比。

卜袞曾說，他的詩別人學不來，在於布農族詞彙與特殊語法結構，都是他獨創，帶有布農族本質上的色彩，想學也學不來，他把布農魂融入文字中，點點星光，憑藉著書寫長明不滅，透過文學語彙照亮人心，帶來感動。

◆狩獵文化

卜袞曾擔任首屆「高雄市那瑪夏區傳統狩獵文化協會」理事長，該協會的會員大會於二〇二一年舉行，是高雄市第一個由多元族群狩獵者組成的協會，因為那瑪夏區除布農族外，還有會利用楠梓仙溪豐富魚蝦資源的卡那卡那富族，所以也是全國第一個將溪流資源利用納入規範並實踐的地區。

他表示，協會的成立，象徵著政府與地方新型態夥伴關係的建立，一改以往上對下的主從對立，為了重構被國家機器毀掉的狩獵文化，他呼籲各獵團與狩獵者一起成立「狩獵者聯盟」，透過聯盟爭取政府的支持，更可恢復原民狩獵文化的尊嚴，讓部落族人重拾傳統文化，也堅定對自然資源永續利用的信心。

在原民狩獵文化上，因為外界不理解部落的生活方式，長期以來對原住民狩獵存有不少偏見，其實原住民狩獵文化並非只有「狩獵」這麼單純，原住民傳統狩獵前需要進行一連串的占卜，甚至經過儀式與祈禱，更有種種蘊含生態永續的規範深藏其中，例如，以輪獵方式管理獵場、佈置陷阱時抓大放小，或是依據季節限制獵捕的物種……等，獵人們也須細心觀察、記錄動物的生態習性，清楚獵場內的植被狀況，以確保森林自然資源生生不息，每個物種都能持續繁衍下去，原民傳統狩獵文化隱含著生態資源管理的智慧，因為獵人們最怕山裡沒有動物。

卜袞除了致力於布農文學的傳承，對於布農狩獵文化精神的維護更是不餘遺力。另外，並有心復振布農苧麻編織文化，在「卜谷嵐自然生態休閒農園」闢地種植苧麻，期盼實踐布農族文化的全面復興，讓布農族的文化不是「文化

卜袞老師與師母一起栽種苧麻

卜谷嵐的苧麻園 / 吳逸倩 攝影

櫥窗式」，而是「文化生活化」。

因此，卜袞正竭力尋找過去布農族人的生活價值，讓族人有能力詮釋自己生活的方式——一個優雅而含蓄民族的珍貴文化，就像他父親說的，「有一天你要回來當自己的主人」，所以他回到部落來了，用身為橄欖球球員的力氣，他豪氣地表示，人生的競賽還沒有結束，終場哨音還未響起，不到最後一刻，是絕不輕言放棄比賽。

註：二〇二二版修改為：「妳的手是我用來治療背疾的蔓澤蘭。」

臺灣蔓澤蘭：以前的布農族人在疏完小米苗束工作要封鋤時，會舉行小小的祛疫儀式，行儀式時會用臺灣蔓澤蘭做為除疫的工具，將臺灣蔓澤蘭沾水後祛除眼睛和背後的惡疾，以及不潔的東西。

2 陶藝家海舒兒李文廣

林靜莉

他帶著布農族色彩並富有藝術特色的陶藝作品，備受青睞；跟大部分學燒陶的人一樣，李文廣先以碗、杯、花器等容器開始創作，製作生活用品一段時間，開始思考原住民元素，想將布農族的元素融入陶器，於是開始探索布農族的陶作文化。

有兩位海舒兒，他們的海海人生。

「海舒兒」是布農族的人名，布農族人取名方式採「襲名制」，就是自己的名字＋氏族名，不同排行會在自己的名字後承襲家族中不同輩分的氏族名，但因為很少創立新名字，所以取同名者很多，同名者互稱為Ala，指有相同名字的人的布農族語。

在那瑪夏有兩位相差十一歲名為海舒兒的Ala，都是帶有藝術色彩的人物，在部落中同是出類拔萃的人，而兩位「海海」的人生沒個準，像大海般起伏不定，各有著不同凡響的故事，牽動這世代那瑪夏的文化。

◆從退休警察到陶藝家

年紀較長、一九六三年出生的海舒兒漢名李文廣，一位二〇一八年退休的警察，孩童歲月都在那瑪夏度過，直到讀甲仙國中才到山下生活，後來讀了軍校當上職業軍人再考警察，在三十而立的壯年，於報上看到陶藝教學，原本只為培養生活興趣，沒想到一頭栽入這個喜好，一九九四年正式向陶藝家陳威恩拜師學藝。

跟大部分學燒陶的人一樣，他也以碗、杯、花器等容器開始創作，李文廣先製作了生活用品一段時間，開始思考原住民元素，像排灣族的陶甕上有百步蛇圖騰，他也想將布農族的元素融入陶器，於是開始探索布農族的陶作文化。

他先在部落到處查訪，發現布農人在百多年前使用的陶鍋器具，但製作的相關資訊

照片：李文廣提供

稀少不足，等於百年技藝失傳；為此，李文廣帶著失落、不捨、惋惜的心情，更胸懷布農族文化傳承的情懷與陶藝文化復振的精神，一九九六年在故鄉那瑪夏，用布農族名字成立「海舒兒文化工作室」，希望透過陶藝找回族群記憶與推廣布農族文化。

「海舒兒文化工作室」在起初的十年歲月，為李文廣的人生開創了陶藝高峰，他帶著布農族色彩並富有藝術特色的陶藝作品，受到許多單位的青睞，不但受邀多場聯展，由北至南環島各地巡迴展覽，獲選高雄縣三民鄉「傳統工匠」楷模表揚；其中，最特別又難得的機會是一九九九年獲得日臺交流協會與原民會舉薦，前往日本進行人才交流，隔年也再度赴日考察，得到寶貴的學習經驗與啟發。

◆那窰瑪夏陶風采

這也是海舒兒李文廣的人生轉折點，巔峰時刻面對考驗的開始，「海舒兒文化工作室」不但遭祝融光顧，還被八八風災摧毀，在水火無情打擊下，工作室停擺將近十一年。

然而對柴燒陶藝的熱愛與布農血液的召喚，是他心心念念放不下的雄心，於是海舒兒李文廣再度重起窰灶，蓋起了新的柴燒窯，在體認到了退休年歲逼近，他希望能重新活出布農族的生命，不但以陶藝再度投入布農文化，為工作室重新取名為「那窯瑪夏陶」，期望以在地性重新出發，與故鄉那瑪夏一起走向未來。

他回顧赴日的機緣，讓自己的陶藝生命學習到並擁有了一份敬虔之心，因為他看到日本師傅在燒窰之前，用神祇樹、清酒、鹽，所進行的祈福儀式，在在令他感動，深感千度高溫的柴燒窰中，雖有溫度計在提醒掌控木頭燃燒的熱度，但每個作品熾燒的變化並無法掌控，開窰後作品有裂痕就是失敗，對創作者無疑是很大的打擊，驚覺畢竟人類的力量有限，窰燒中的作品，彷彿火海中的一葉小舟，的確很需要祈神祝福才能順利成功。

後來，海舒兒李文廣也為每次的窰燒，用小米酒與山豬肉來舉行祈福儀式，祈求祖靈庇佑窰燒的過程能成功。首次舉行的祈福儀式，祖靈確實帶來祝福，作品《祈禱小米豐收歌》即獲得「二〇二〇苗栗陶藝術節」陶藝競賽柴燒組陶藝二獎，為李文廣帶來重新出發的鼓舞，使得作品再度受到肯定，讓人們看到水火淬煉後的光采，顯得特別激勵與紀念。

在原住民的狩獵文化中，獵物的骨骸代表狩獵的成果，「那窯瑪夏陶」就是以豬下顎數量來記載窰燒次數，他以餘命二十年來預估此生能再創作的件數，期待往後窯上骨骸能擺放成圈，以這樣的期許來自我督促把握歲月與時光賽跑，好將腦海裡許多的布農族記憶，化身為陶藝品流傳下來。

◆展現布農魂

海舒兒李文廣渾身布農魂，總是以實際行動來展現布農文化，像是布農族大洪水故事中，為了讓賴以為生的小米食物能於大災難後繼續耕種，於是有男人穿耳洞，將小米穗結在耳朵上的傳說。他記得小時候父母曾說過：「耳朵未穿洞，靈魂會找不到回家的門，而會被鬼魂拖走。」布農族之外其他族群則是有穿耳洞會破相的說法，即使他的漢人妻子笑說；「穿耳洞的男人下輩子會當女人。」李文廣仍義無反顧地以穿耳洞來體現布農族文化。

在那瑪夏各里都有自荷蘭時期移植來的菸草，菸草與菸斗也是許多原住民的生活文化，海舒兒李文廣印象中的阿公或叔公等老人家們都是抽著菸斗，他期許退休後的年歲，能抽著菸斗過印象中布農族老年人的生活，所以他以自製的菸斗與菸葉，來體驗布農族的抽菸文化。

在那窰瑪夏陶工作室外的菸葉

由於孩童時期常受父母講述布農傳說的薰陶，特別是父親狩獵的故事，是他創作靈感的來源，所以在作品裡有許多抽象藝術展現人與土地、生物與大自然的對話。有一組童年時代以自家人故事為背景的作品，令人印象深刻；綁帶八字法繞著豐滿胸型來展現母親背嬰的形象，以粗獷且超大十腳趾配獵槍瞄準姿態來展現父親打獵的雄姿，母親為幼兒的他摀著耳朵，旁邊有較年長的小姊姊自行摀耳，以防槍聲震耳的作品，即是李文廣童年印象的呈現；作品除了能體會出獵槍威力又有親情的溫馨外，還看到這位布農男人創作者，內心中的鐵漢柔情。

海舒兒李文廣自詡高山民族，常以高山峻嶺為念，將山形雲體塑入茶壺造型，獨樹一格，完全是在地風物想像的創作；他自創的《三石灶》茶杯作品很多，均取自於布農族傳統烹飪概念，又像他曾將布農族的版曆，用刀雕於杯身。

更多的是將布農傳說化身於作品中，例如，布農族有人變鳥的傳說，他就常用鳥的造型來進行創作，譬如創作收藏茶葉的茶倉，讓蓋子呈現鳥頭造型，用翅膀當兩側把手，或以鳥嘴型式設計茶壺的壺嘴。這些鳥

◀ 鳥型茶倉的創作（照片：李文廣提供）

▶ 父親打獵的雄姿

「那窰瑪夏陶」牆上的人像石雕作品

的造型，時而眼神如鷹般兇惡；時而有頸項鍊裝飾；時而嘴型貼切可愛，就連酒瓶都標上布農語發音的DAVUS字樣，註明作品是酒瓶，並將那瑪夏的黏土熔入作品，運用他個人獨特的理念，讓每個作品都以獨一無二的特色，呈現那瑪夏的風采。

在他的工作室周圍牆面，羅列著布農族、排灣族、鄒族、泰雅族與漢族等不同族群的泥塑人像，有童趣也是很純粹的原住民風情；塑像在深灰色岩牆上，藝術感十足的人頭面相，令人讚嘆不已，流洩奔放出來的創作力，除了讓人看見他對那瑪夏的愛，也讓人見識到海舒兒李文廣不同凡響的藝術力量。

除了在陶藝作品上展現布農魂外，他在布農家族傳統上為十二到十六歲男孩舉行成年禮之際，特地在長子高中一年級舉辦成年禮時，贈送一套傳統布農族男性服飾，父親為兒子更衣戴上頭飾，敬告祖靈孩子已長大成人，透過食肉與飲酒代替傳統拔門牙與殺豬分食的儀式，為孩子進行成年宣示，並接受耆老親友們的祈禱祝福，在眾人的見證下，從此承擔成年人該有的責任與作為。

二〇二二年臺灣燈會在高雄衛武營舉行，以一百三十件藝術創作來聚光高雄，海舒兒李

2022 臺灣燈會現場，李文廣與展示作品《祈禱小米豐收歌》合影（照片：李文廣提供）

文廣的《祈禱小米豐收歌》也在其中，他以布農族演唱群的陶偶創作，每尊陶偶仰天的神情與創意吟唱嘴型，充分展現布農文化之美，也藉此讓「那窯瑪夏陶」的作品，躍上臺灣燈會舞臺，這是那瑪夏之光，也讓布農族文化展現出來。撤展後，他將作品移至那瑪夏，豐富了地區的入口意象。

陶藝讓他戴上藝術的光環，但種桃的農作生活是他的另一種人生面貌，每年底都要為隔年四、五月盛產的那瑪夏特產水蜜桃，進行整地復育作業。海舒兒李文廣從持槍的職業警察退休後，到捏陶創作專心當陶藝家，每年又跟著季節步調，轉身變為栽種水蜜桃的型農；雖然海波浪似的人生變化多端，如今一路走來，藝彩無法自藏，是位滿心「樂陶桃」的海舒兒。

李文廣與自己栽種的水蜜桃
（照片：李文廣提供）

3 帶著使命的海舒兒朱文華

林靜莉

他的父親朱如寶（一九二八至二〇一〇年）是那瑪夏在地首位建築師傅，後來成為以泥塑、皮雕與木雕聞名的工藝師；而朱文華在八八風災時成為知名的那瑪夏人，因為他以服務族人為己志。

那瑪夏以海舒兒為名的同名者Ala，這位較年輕、一九七四年生的海舒兒朱文華，在一歲時曾罹怪病整天昏睡，那時父親正忙於建造教會的工作，不僅為了帶他就醫停工，還必須背他徒步走八小時才能到甲仙的醫院，然而醫生也束手無策，勸父親背回山上順天意處置。他的父親雖然被現代醫療打擊仍不氣餒，保有信心，決定將孩子的生死全然交託上帝，因此回到山上後，繼續奮力投入建造教堂的工作。

海舒兒朱文華回到部落三天後，這位一歲大的嬰兒從昏迷中甦醒，並放聲大哭，家人緊接著忙餵食稀飯，終於讓孩子活了過來；再經過幾天，孩子出現除了私處全身脫皮現象，不知憂愁的孩子還自行撿著皮吃。海舒兒朱文華從小體質特差，常處於四十度高燒中，腦海渾渾沌沌地出現飛鼠等動物意象，後來藉著參加各種體能運動，才於高中後有所改善。

◆在千頭萬緒的混亂中成為救災領袖

這位海舒兒的童年，隨著在學校服務的姊姊與姊夫多次遷徙，輾轉換了幾所學校，下了山又回到山上，小學最後自以母語教育為主的那瑪夏民生國小畢業，但升上國中到技術學院這段就學歷程，都在高雄市區生活，直至二〇〇九年幾乎將故鄉摧毀的八八風災之後，才徹底把他的人生定格於那瑪夏。在那之前，他是科技公司裡，從事程式設計的電腦工作者，也是社區美化計劃的助理員，若家鄉未遭此劇變，或許他會繼續過著都會生活，有著截然不同的人生。

八八風災重傷那瑪夏，當時的新聞都以斷訊消息為主報導，專拍食物空投補給的畫面，確實，當下救災都必須透過直昇機載運到旗山國中轉運，看到的都是流離失所的景象。海舒兒朱文華回望十多年前，至今仍餘悸猶存，情緒激動，一如當年二話不說立刻投入救災行列，拚了命地爭取資源，並督促政府救災進度。

那時他成了協助第一批村民搭直昇機返鄉救援服務的人，期間運用政商人脈協調折衝樽俎，並從中體會到上帝的帶領，讓他在千頭萬緒的混亂中，成了救災的領袖，當媒體報導著

「村民朱文華……」如何作為時，他說，那時腦袋中只有期盼那瑪夏的回家之路，能有更多歷劫歸來的夥伴，共同重整家園。

八八風災讓海舒兒朱文華的家鄉全變了樣，整個經濟景象倒退了三十年，又適逢縣市合併，更剝奪了重建之路所需的經費額度。災後至今，他不斷地投入公共事務，舉凡體育公會、休閒發展協會、社區營造與文化導覽……等事務，他都盡心盡力地參與，生命熱忱與韌性，都是來自父親留給他的品格資產。

朱文華本人

他的父親是大家敬重的長老，常關懷部落、探視患病的鄉民，溫暖和藹又風趣親切，是族人與子女的好榜樣，朱文華也就如此傳承了父親的聲望與期許，全然投入對家鄉的貢獻。

◆父親的布農魂與信仰的教誨

海舒兒朱文華的父親朱如寶（一九二八至二〇一〇年）是那瑪夏在地首位建築師傅，後來成為以泥塑、皮雕與木雕聞名的工藝師，大約於六十多歲時成立「銀寶布農文化工作室」[註1]，不但將布農族傳統文化及遠古記憶呈現在創作上，還為社區舉辦雕刻教學、童玩、母

◀民生教會
▼朱如寶夫婦合照（照片提供：洪國勝老師）

語與歌謠教學活動，藉以傳承發揚與復振布農文化，是地方上十足國寶級的人物，最有名的是以布農族獨有的八部合音為題創作木雕，參賽獲獎備受重視。

他居住的達卡奴瓦村，村落裡木質建造的民生教會因年久腐爛，朱如寶召集信徒共同重建，但礙於經費匱乏，僅有少數人願意跟從。朱如寶為了徹底根絕腐爛的弊因，於是靠著禱告，克服經費拮据的問題，以人力方式到河床搬運石頭「ba-tu」起造新教會。

他利用自然界奧秘的方法，於大石上定點敲洞，以桑椹枝穿洞插入，利用日夜溫差熱脹冷縮的原理，讓石頭裂開成型來砌牆，當時族人對此費時費力的功夫嗤之以鼻。朱如寶不以被笑為傻子而退縮，反而以禱告增強信心，克服許多問題，最後在族人面前見證神的恩賜，吸引了族人紛紛投入建堂工作，終於蓋成南臺灣，除了以鵝卵石建築知名的屏東玉環天主堂唯二的石造教堂，這座歌德式造型的原鄉教堂，矗立於高雄市最北的遙遠山區，彷彿遺世獨立。

◆銀寶布農文化工作室

在那瑪夏多處佇立的泥塑人形意象，均出自海舒兒朱文華的父親之手，舉凡家門口或庭院所佈置的家人泥雕像，都展示著部落原民衣著與捕獵文化，而他在社區美化牆面，也是仿照父親的作品風格來呈現。目前「銀寶布農文化工作室」內的木雕藝品，都是父親朱如寶以傳統布農族生活場景模式、神話故事、獵人文化等等素材為靈感的創作；也有參賽作品的收藏，都能透過他的解說，了解布農文化。

◆從長老的作品認識布農族

《八部合音》是曾獲獎的代表作品，正因為大家用雙手互相交扣，在傳統服飾的相襯色彩下，富有立體之美，海舒兒朱文華解說：「八部並不是用八個人，也不是依序按do re mi fa so ……的音階去升八個音來合聲，而是大家圍一圈，每次共同發聲時，一起升半個音來共鳴。」

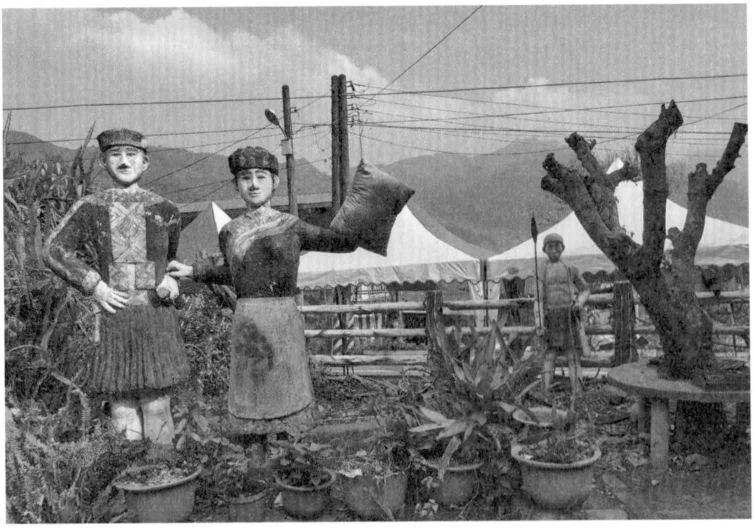

朱文華家門口的泥塑雕像

❶〈八部合音〉作品　❷搗麻糬景象　❸炊食景象　❹獵熊作品

《搗麻糬》簡潔地呈現一個人拿著木杵在搗東西的作品，在於杵棒與臼之間展現了糯米的黏性，而顯得生動可愛。

《炊食》是布農族用鍋子煮食小米粥的畫面，因為有家犬的參與，顯得日常無比，大家圍在一起的姿勢是女生坐著，男士蹲著是因為防衛機制，勇士們隨時可跳起來抵擋突來的攻擊。

《獵熊》以布農族是高山民族的特質，近距離刺熊是族人所樂道的英雄故事，除了展現刀刃上血跡外，還透過獵人的跪姿，不避諱地顯露微妙的私密處，來展現傳統服飾特點。

如今海舒兒朱文華接續父親對布農的責任，在教會的善行善言上做個好長老，守護著父親留下來有雕刻特色的木屋，與社區耆老共同發揚布農族傳統用具，像是鞭打大陀螺童玩就是項快沒落的技藝註2，管理父親留下的木雕作品，致力於社區各項導覽活動，成為那瑪夏在地核心人物，舉凡活動主持、接受採訪或承接活動，都少不了他的身影，但他深感遺憾的是，自己的能量不夠，無法接續傳承過去與父親一起籌劃的活動，寶貴的藝術已漸行沒落。雖然如此，他現在除任職於那瑪夏區公所的環保課外，也擔任社區發展委員、體育會理事長、公共事務理事、休閒發展協會常務理事長，竭力投入那瑪夏各面向事務，在許多活動上發光發熱。

社區鞭打陀螺童玩的馬賽克牆面

朱文華於導覽活動中帶領高雄市第一社區大學自然生態社學員進行布農族式歡呼

◆中流砥柱的使命感

八八風災之前，那瑪夏有許多策略聯盟進行著，各行各業都相當蓬勃，海舒兒朱文華說，很懷念未更名之前的三民鄉，在一九九三年成立的楠梓仙溪野生動物保護區，那時候溪流中的生態豐富，其中的魚類與棲息環境是受保護的對象，跳入溪水中游泳或讓魚吃腳皮，大自然樂園是他難忘的童年。

那瑪夏的楠梓仙溪，每年十一月至隔年五月為枯水期，是魚類的主要繁殖期，這時段禁止垂釣，曾經自二〇〇四年起開始開放其他非繁殖時節部分溪段，供民眾垂釣非保育類魚種，舉辦一年一次的釣魚季，讓民眾申請釣魚證後進行垂釣活動。二〇〇九年雖受八八風災重創，而有十一條支流流過那瑪夏的楠梓仙溪，這些年來經過山林休養生息，溪流中的魚種已漸漸復原，以往釣魚祭的盛況復原雖慢，但確實有明顯進步。

除了溪流之美，另一個被用心復育的是螢火蟲。那瑪夏山林鬱鬱，溪流清澈，全區都可看到螢火蟲，其中兩處與海舒兒朱文華的關係特別密切，一處是屬於他的祖產地，神社遺址賞螢步道；另一處是他父親手造木屋後方達卡努瓦里的賞螢步道。每年他都投入黑翅螢的導覽行列，解說他

小時候稱為「草叢星」的火金姑，如今是復振故鄉旅遊，讓那瑪夏登上螢火蟲聖地之稱的寶貝物種。經過十多年來用心復育的黑翅螢，每年為那瑪夏帶來觀光人潮，讓社區活絡的盛況再現，是走過災後煉獄路的他，在看過遊客怯步、百業待振的荒涼後，再度點亮社區希望的光點。

◆以海舒兒之名守護布農的人

那瑪夏區居民包含布農族、卡那卡那富族、拉阿魯哇族、泰雅族、排灣族與漢族，其中以布農族人數最多。在布農族中，這兩位海舒兒：李文廣與朱文華，都受過八八風災的淬煉，正如海浪起伏翻騰，他們的人生也受過猛水滔滔洗禮，但都沒有把他們沖離生長的故鄉，反而更致力於本族文化的守護與發展，成為那瑪夏中生代和資深族的代表人物。這兩位海舒兒的海海人生帶著生命熱忱與藝術光環，隨著體內沸騰的原住民血液，持續守護布農族文化，推廣並發揚，當人們提及高雄市的那瑪夏時，就會看見閃耀在山區的在地光輝。

註1：取妻子名李「銀」卻以及自己的名字朱如「寶」各一字，成立「銀寶布農文化工作室」。

註2：兩、三人靠團隊合作默契，用構樹的樹皮所製的樹鞭，有角度技巧地圍毆（布農語：A-Su-Lun）拍打陀螺，使其轉動的競技遊戲。

4 如海碧斯Haipis一般

陳麗年

這裡有聖鳥海碧斯，也有像聖鳥一樣胸懷大愛，不畏艱難取回火種，帶領大家渡過災難與重重難關。

進入那瑪夏區，過了南沙魯橋，布農族的聖鳥海碧斯（haipis紅嘴黑鵯，學名：Hypsipetes leucocephalus nigerrimus）俯視鳥瞰，銜著火把迎接人們進入那瑪夏，好似在跟我們炫耀，牠可是唯一能把光明帶給族人的鳥類。

世世代代的布農族人都傳唱著海碧斯的豐功偉業，傳說遠古時代，大洪水時期，布農族人苦於無火可用，海碧斯不顧火吻的危險，幫族人帶回火種，渡過洪水時無火種生火煮食的危機，牠是幫助族人存活的大功臣。

南沙魯紀念公園的聖鳥海碧斯意象－銜著火的海碧斯（haipis 紅嘴黑鵯）

◆李文廣的風災經歷

二〇〇九年八月八日莫拉克颱風引進西南氣流，在高屏地區降下驚人雨量，那瑪夏區不到三天降下二三三四．五毫米（臺灣年平均降雨量二五一〇毫米）。警界退休的陶藝家李文廣，在他位於瑪雅的窯燒工作坊，接受訪談時回憶，八八風災引進巨量泥漿水灌入工作坊，毀了三分之二工作坊面積，之後六年內因悲不自勝，沒再踏入工作坊一步。

他說，莫拉克颱風降下豪雨，山上土石崩落，阻塞舊民族國小山上的一條野溪（那托爾薩溪）產生堰塞湖，堰塞湖潰堤時，瞬時山崩地裂，大小石塊和泥漿如千軍萬馬從山上往下衝，土石滾動震耳欲聾的撞擊聲，嚇得村裡上百隻狗齊吠，接著是人的驚恐叫聲，簡直就是人間煉獄。

接著李文廣深切的描述，我心跳加速，彷彿已感受到當時驚駭程度。李文廣繼續說著，原本那天村民是在教會慶祝爸爸節，之後各自返家做晚餐，就在下午約四點左右土石流狂奔襲來，當時他恰好在分駐所值班，看到泥漿載著土石成為巨大的噴射流衝下來時，一片天昏地暗，實在驚恐。

陶藝家李文廣在工作坊受訪

◀位在國小下方的分駐所　▶舊民族國小L型的校舍 / 王春智 攝影

土石泥漿從舊民族國小上面的河道急衝而下，所有校舍都被沖垮，獨留L型的校舍，恰好大石塊和大樹幹在此卡住，位在國小下方的分駐所才得以倖免遭土石吞噬。他臆測，若當天下午大家繼續留在教會，也許死傷不會那麼嚴重（二十六人罹難）。

訪談時，我們做一些討論，土石流肆虐掃蕩最嚴重的區域在南沙魯偏南區，學校、公所皆位於此處，幸虧是八八節假期，學校、公所皆放假，否則死傷更難以想像。李文廣說，南沙魯遭土石侵襲的前一天，瑪雅先發難，村民移到高處的（舊）民權國小避難，自家用車也都開到國小操場，沒想到泥漿水來勢洶洶，村民只好在凌晨時緊急撤離，但所有車輛來不及開走全被土石淹沒，而兩層樓的校舍只剩二樓教室露出地面。

▲瑪雅全村的車子都被掩埋在舊民權國小教室前的這一片土地底下／王春智 攝影 ▼舊民權國小的二樓教室

李文廣又說，南沙魯是那瑪夏區受風災摧毀最嚴重的地方，當天許多房舍被土石流連根拔起，部分房子一樓塞滿土石，許多人受傷、有人被掩埋、大雨不停下著、土石持續流動，人無法站在流動的土石上，只能趴行去拉被土石掩埋的人，救援非常困難。有位父親在土石大軍沖向家屋之際，把孩子拉起拋向二樓，保住孩子的性命，而自身卻被無情土石吞噬了。

大部分的村民都受傷，當晚全村人移往三景宮廟上面的平台，整晚忍受無情風雨的摧殘，眾多傷者呼天搶地的哀痛聲，地獄景象重現人間。有人奮起，帶領驚嚇過度的村民一起唱聖歌，透過一首首的聖歌，祈禱主撫慰身心的傷痛，那時刻，大家不只是同村人，更像一家人。

當天晚上，衛生所主任張清新整晚巡視傷者，幫大家包紮止痛，無法合目，他在危急時刻冒死衝進衛生所與土石泥漿噴射流競賽，眼明手快打撈包起消炎抗菌的救命藥和包紮用品，三步兩腳奔出即將被掩埋的地方。

李文廣說，因為張主任才能將這些藥品順利帶出來，設想若無這些救命藥，傷亡狀況更難以想像，而護理長李秀花為了愛護同仁、守護鄉民，置生死於度外，兩度遭土石掩埋，承受骨折之苦仍一心一意掛念著村民。

◆秀蘭商店阿桃阿嬤的大愛

藥品漸用罄，第三天直升機緊急將傷殘者送出醫治，村民們也陸續搭乘直升機離開，而留下來處理災難現場的人卻面臨食物不足的窘境。

南沙魯本有多家商店，災後獨留秀蘭商店，其餘全毀；秀蘭商店的阿桃阿嬤，不忍大家挨餓，開放店內架上的食品和生活用品供人取用，這般無私的大愛，讓村民銘感五內，即使災況過後，政府要給予物資款額七萬餘元，她也完全拒收。我們訪談她時，她說若收了貨款就違背要送予村民的心意，她的初衷就是要幫助大家渡過難關。

秀蘭商店和阿桃阿嬤

阿桃阿嬤並非原鄉族人，在一百多年前日治時期，她的祖父母為了躲避被派去南洋當軍伕，帶著唯一的女兒——阿桃的母親，從鶯歌來到深山裡的那瑪夏，在此從事腦丁工作，這唯一的女兒後來嫁給來自新竹的客家人，生下阿桃[註]。阿桃出生於達卡奴瓦更深山的伐樟地區，她說，當時有一溪、二溪、三溪等地名。

她在那瑪夏就學至國小四年級，因父親去

世，跟隨母親到甲仙糖廍工作，長大後在外地結婚生子，又攜家帶眷回到那瑪夏開秀蘭商店，三個兒子皆在那瑪夏完成國民義務教育。

阿桃愛護那瑪夏的心不亞於當地原住民，她不只會講國語、台語，更熟諳布農語。秀蘭商店雖有公賣局菸酒牌，但不賣酒給兩種人，一種是成天喝酒不工作的年輕人，一種是在工作期間來買酒喝的人。

有位族人跟我們說阿桃阿嬤很兇會罵人，這兩種人不只買不到酒，還會遭阿桃阿嬤斥責。風災後，南沙魯毀了大半，多數村民搬到杉林大愛村，但阿桃阿嬤喜歡山林，抉擇留在南沙魯繼續經營秀蘭商店，目前是南沙魯碩果僅存的便利商店。

◆家扶基金會的一路扶持

二〇二二年八月，我們陸續訪談家扶基金會督導黃梅蘭和林秀琴，以及社工林淑雯（阿丙，A-ping）。阿丙是那瑪夏區達卡奴瓦的女青年，大學畢業第一份工作就是投入災區，參與重建自己的原鄉部落。訪談時，阿丙語帶幽默地說，她都忘了她在那瑪夏做了什麼？我想北家扶中心在第一時間給予那瑪夏災區的種種照顧，那瑪夏人是永遠忘不了的。

她們重拾記憶，娓娓道出十三年前家扶中心如何全方位地照顧災民，陪著災民走出傷痛，再見彩虹……林秀琴說，災難發生後，北家扶中心為了扶持、穩定受災居民的生活，馬上啟動三安服務計劃——安家、安學、安心。「安家」服務，提供災民經濟援助，維持家庭的正常功能；「安學」服務，穩定孩童生活和就學狀況，讓孩子的學習不中斷；「安心」服務，撫慰、紓解災民受災創傷，希望能幫助災民重燃生活的動力。

針對那瑪夏的災情，二〇〇九年在旗山成立「那瑪夏彩虹工作站」，提供全方位扶助。「那瑪夏彩虹工作站」象徵希望無窮，秉持著「那瑪夏人在哪裡，家扶就在哪裡」的精神，與那瑪夏人一起重建家園，只要鄉民需要，都可以來工作站請求協助。林秀琴說，受災最嚴重是瑪雅和南沙魯，所以這兩區的家長和孩子全部都移到平地。針對大人部分，工作站採用社會企業形式，以原住民傳統工藝皮雕、木工和編織成立彩虹工坊，聘請有技藝的族人教授村民傳統技藝，以工代賑，族人們不僅可以傳承長老們的技藝，延續部落文化特色，還可以強化謀生能力、獲得生活津貼，以期紓緩經濟壓力，屬於安家計畫。針對孩子部分，家扶中心和廣達文教基金會合作，對孩子們推動「學習存摺」，使孩子們感受認真努力可以獲得實質的回饋，產生正向增強效果，也提供「學童課後生活

秀琴督導（左）和淑雯（阿丙，A-ping）社工（右）/ 王春智 攝影

照顧」，確實做到孩子「安學」，大人「安心」。

兒童是原鄉部落發展重要的種子和希望之所繫，除了學習不間斷外，還要給予受災孩子擁有一個無憂無慮、安心學習的環境，所以家扶對於那瑪夏區所有安置在觀亭國小、旗山國小和高雄農場的學童，實施課後安親，讓家長得以喘息，假日則安排志工到高雄農場陪伴帶活動，以及幫部分孩子做心靈諮商。即使之後孩子回到山上，家扶仍然持續辦理課後輔導班，以工代賑請家長擔任課後輔導老師，給予生活津貼，而且為了增加孩子的學習觸角，廣設兒童學習角落、增加圖書資源，更結合誠品書車以及召集部落青年返鄉服務，以說故事方式提升孩子們閱讀興趣。

二〇一〇年，因為族人想回到山上，家扶中心把服務據點移到瑪雅，他們安排四位人員常期駐站，無縫接軌繼續陪伴，扶持受災戶。家扶將旗山「那瑪夏彩虹工作站」經營模式帶到山上的部落，仍然以工代賑推動傳統技藝的教與學，另增設「部落廚房」的送餐服務，對象是全那瑪夏區的獨居老人。阿丙說，工作人員由部落居民擔任，一來以工代賑增加族人的收入，二來送餐給老人時，也可藉此陪老人家聊聊天，關懷老人家生活狀況。

二〇一一年，部落恢復生氣，漸漸有遊客進入，家扶基金會在受災最嚴重，同時也是進入那瑪夏的第一區南沙魯成立「夢想起飛館」，做為商業買賣平台，不只賣工坊製作的手工藝品，村民也可在此展示自種農產品供遊客選購，例如龍鬚菜、醃脆梅……等等。家扶中心認為不能只給族人魚吃，更重要的是要教會他們如何釣魚，觀光客漸多，家扶協助南沙魯族人成立協會，經營餐館，培力具有餐飲證照的廚工。阿丙說，他們每週要載族人到高雄市中心學餐飲，考丙級廚師證照，後來培力出十五位族人拿到丙級廚師執照，有人因具備證照而順利獲得學校廚工職缺，很是高興。除了培力廚師，也培力導覽解說員，帶遊客了解風災破壞情形、災後重建、部落文化、認識生態和季節農產品。

家扶中心在那瑪夏第一階段災後重建於二〇一四年結束，之後位於南沙魯的社區據點轉型成公益旅棧，採用時下最流行的以工代宿，規劃公益旅棧做為住宿空間，提供遊客免費住宿，但入住的遊客必須到社區從事服務工作，例如社區打掃或幫忙「輔助家庭」，像是務農採收龍鬚菜

南沙魯家扶中心的公益旅棧 / 王春智 攝影

或田間除草，這種策略不只提供親子旅遊體驗農事，也讓都市人認識部落文化之美，以及感知部落謀生不易的辛苦。

風災前，那瑪夏區部分家庭已是家扶中心輔助的對象；風災後，家扶中心對受災戶更是展開全方位的扶助與陪伴，協助眾多的災民，以當地居民林素雲為例：林素雲在風災時，三個孩子仍在就學中，風災前即是家扶輔助的對象，災後繼續協助她，薪聘她當老師教授族人傳統技藝，之後她的孩子受到家扶社工的啟發，也都發展得很好。阿丙還提到一位族人媽媽，自動把以工代賑的薪水捐出來，她很感念家扶對那瑪夏的付出，她也想盡一己薄力幫助族人。

被無情風災摧殘蹂躪的那瑪夏人，從土堆中振奮爬起，勇敢築夢向前，讓世人看到宛如一隻隻銜著火把的海碧斯，把光明帶給每個那瑪夏人。

註：漢人部分，最早遷居到那瑪夏的是瑪雅里及南沙魯里的漢人，在日治時期，自一九〇〇年實施樟樹造林及樟腦專賣制度以來，由臺北、桃園、新竹等地至此擔任腦丁，有些與當地原住民通婚而繼續留在此地定居，有些則於二戰後陸續回到原居地。（資料出處：https://namasia.kcg.gov.tw/cp.aspx?n=3DCB588FD593286D）

進入那瑪夏，雖有安全的路與橋，
這裡的每一座橋都有自己的故事，
尤其十四座知名的彩繪橋都以族群與歷史痕跡來命名並上色，
點綴位處高山上鬱鬱蔥蔥的自然景觀。

橋連接路跨越溪，也意味著這裡的河流環境精彩豐富，
被剖開的山林深處必有寶藏，
這五篇那瑪夏遊記，我們從橋的角度出發，
橫跨深水入山，水綿與火金姑是代表，引路看山水風光。

山水遊記

那瑪夏詩篇——三

1 美麗線條交織的那瑪夏

柯玉瓊

那瑪夏之春首迎賞螢季，許多車輛往返臺二十九主要幹道，此線與楠梓仙溪交叉錯落，起迄在那瑪夏的達卡努瓦里0K處到高雄林園汕尾，簡稱「達林」（DARING）公路，美稱「親愛的公路」。

沿楠梓仙溪，從林木蔥蘢到山壁、岩石、土地，變幻萬千的山水，順著河流穿梭在橋、路與溪的交會處，溪水就像是一條玉帶，飄盪在青山之間，溪與橋的相連結處，凝望溪谷彎曲窈深，這裡有族群遷徙的軌跡，橫跨楠梓仙溪，一條條彎曲的河流與一座座筆直的橋梁，美麗的線條交織成出遊和返家的「達林公路」。

進入那瑪夏之前會經過原始山林，途中跨越溪床有十四座鮮豔的彩色鋼橋，橋名全是以羅馬拼音而成的原住民語，一座座橋梁帶領著我們前往那瑪夏部落。莫拉克風災後重建採用的鋼構橋梁抗災度更高；強度高、重量輕和抗震力佳的鋼構路橋，可採大跨徑設計以減少落墩，也減少雨季洪水來時沖斷路面的問題，加上可塑性佳，更有毀壞後能快速重建等優勢。

十四座橋梁與在地色彩相映，分別以淺沙（淡黃）、孔雀藍、硃紅、彩綠、深灰黑和白紫六種顏色塗裝，鮮麗的彩色鋼橋點綴在綠巒的山野中。這些顏色參考「布農族」、「卡那卡那富族」及「拉阿魯哇族」等三個族群傳統服飾的色系，以原住民語命名的橋，經莫拉克重建會多次說明協調，有了呈現多元族群融合的成果，橋梁命名也融入甲仙區及那瑪夏區在地特色，彰顯不同族群間文化交流，聖山如如不動，蜿蜒碧溪涓涓不息，這段路程有著原住民族群遷徙與溪流互動的生活印記，以及融入在地文化回憶。

◆楠梓仙溪上十四座彩色鋼橋註1

第一座Siaulin小林橋；自甲仙進入看見的第一座橋為昔日小林聚落遺址，塗有淺沙的淡黃色，是紀念莫拉克風災中被土石掩埋的小林村舊址。

第二座Ta-ulong大武壠橋；以大武壠族服飾的孔雀藍色系為主，橋名就以小林村平埔大武壠族為名。

第三座Elhauti貳號地橋；硃紅色橋，此地昔日為

大武壠橋

林務局第貳林班地，故名。

第四座Naslana那斯拉拿橋；彩綠色橋，為卡那卡那富族語，該族人在Na'usurana藤包山建立最初的聚落，這個聚落也就是後來族人所稱的natanasa（舊社、舊家或舊聚落之意），卡那卡那富族是最早在那瑪夏定居的族群，此時在橋上回望，舊路路基被掏空，錫安山明隧道北口遺跡猶在。

第五座Mapazanui馬巴扎紐伊橋；深灰黑色橋，是拉阿魯哇族語，「您好、大家好」，有平安之意，在那瑪夏區公所的大廳門柱上，即以「馬巴札紐伊」為問候語。

第六座Zionsan錫安山橋；白紫色，錫安山橋則是因為橋梁位於知名基督教聖地錫安山而得名。

第七座Panbunulan板布努瀾橋與第八座Nivuru瀰富羅橋合稱「生命之橋」，堪稱是進入那瑪夏的門戶。

那斯拉拿橋

錫安山明隧道北口遺跡

瀰富羅橋

錫安山橋

馬巴扎紐伊橋

板布努瀾橋在布農族語中，是指「很多野生動物棲息玩耍的地方」，沖壞的橋墩遺構還留在溪底邊，見證風災後的破壞，這裡是昔日的雙連堀明隧道，八八風災中毀損，一度興建便道，爾後多次災害及豪雨來襲又將便道沖毀，此路段每遇大雨極易使邊坡坍方及路基流失。此地舊路跡為楠梓仙溪的凹岸，而凹岸容易形成侵蝕攻擊坡，公路局曾列為B級難整治路段，為「疑似不穩定」等級，二年內有發生災害，偶有落石或疑似不穩定徵兆的坡邊[註2]。

山邊路基凹岸旁以疊層的貨櫃加強，勉強克難通行。原本道路沿著錫安山之後的峭壁，常年有大石掉落，使道路不通，後來拆開成為兩橋段施工並改線，避開重複致災路段，以趨吉避凶，採大跨距、截彎取直的方式繞到河的對岸，這裡是凸岸堆積坡的平台，河道受攻擊面小，不與大自然抗衡，更能讓工程順利進行。

第八座為九十九公尺長的Nivuru瀰富羅橋；瀰富羅在卡那卡那富族的族語中是指「天神拴綁野山羊之地」，多樣豐富的草料，水源豐沛，聚集多種動物在此繁衍。

七、八兩段橋梁皆塗紅色，紅色象徵著原住民族的熱情，不只是一座有形的橋梁，更是搭起一座「生命之橋」，一條平安回家的路註3。

第九座Alinguai阿力吾艾橋；白紫色橋，是卡那卡那富族語，意指有很多獵物棲息的河灘凹地，這座橋與下座嗡嗡橋相隔不遠，一大片聳天絕壁在眼前展開，氣勢壯闊令人嘆為觀止，此是著名地景「世紀大峽谷」。

第十座Ungung嗡嗡橋；灰黑色，「嗡嗡」在布農族語的意思是「深的山谷」，峭壁高聳險峻，雨季時有湍急的溪水奔流，此地既有回音又帶有神祕性，欣賞大峽谷美景最佳位置在嗡嗡橋與都朴魯安橋南側之間，有巨石、深潭、淺灘、瀑布，流盪的溪水隨意蜿蜒流佈於岩層之上，山壁在雨季時會有瀑布垂掛，涓涓細流沿著山緣裂隙，由山巔向下匯入楠梓仙溪，溪水將岩石琢磨得圓滑柔美。

兩岸山壁以傾斜的褶皺傳達地層變動，峽谷岩層是紅花子地層的順向坡，昔日舊臺二十一線道路原位在河流右

嗡嗡橋

生命之橋－板布努瀾橋與瀰富羅橋／王春智 攝影

垂直峭壁／王春智 攝影

切割平整的大板壁坡／王春智 攝影

岸，八八風災時隨著順向坡部分滑入楠梓仙溪，也呈現河流對山坡凹岸的侵蝕攻擊，這一側形成切割平整的大板壁坡。

另一側則是紋理分明的垂直峭壁，由楠梓仙溪切穿紅花子層等堅硬岩層而形成的峽谷。紅花子層主要由兩種堅硬岩層組成，其一是灰色的厚層粉砂岩，另一是夾有深灰色頁岩和灰色粉砂岩的互層，地質活動所引起的地殼變動現象，構成整個峽谷中最為深峻的一段註4。

再往上眺望為大峽谷景觀，沿著臺二十九線呼喚平台，山徑步道平緩好走，生態豐富，布農族以呼喚台是呼喊並且等待家人返家的地方。往步道上方坍塌的舊路基猶在，一旁尚留著的泥作布農族人偶立像，猶如歡迎人們的到來。峽谷裡曲折轉彎處，可聽見習習風聲，從前布農族男人出外打獵，當男人扛著獵物接近部落時，在有回音的峽谷中大聲呼喚、報平安，操持家務的女人與親人聽到便歡喜開心呼喊，強壯的布農族婦女也會過來接棒獵人背負的獵物。如今，遊客能夠在此放聲呼喊——哦—哎—呦，體驗當年場景，並欣賞壯麗遼闊的峽谷美景。

「呼喚台」的水泥地上，可見排列整齊的十六個方形小基座，此為莫拉克風災遺跡，上方的涼亭已被摧毀，如今只剩下基座。造型如船的呼喚台上，大片陡直的絕壁氣勢磅礴，世紀大峽谷在峭壁巉巖緊鄰如側，站立於船型呼喚台上，環顧山高千仞的欄杆旁，猶如乘著鐵達尼號船艦，航向山嶽谷海浩瀚中，天際的靈光照耀著不朽美景，凝神看著眼前壯闊的石壁，兀立山巔的枯枝幹，面對著大峭壁，學起從前布農族人吐氣高聲呼喊。

呼聲是布農族的生活文化，呼聲是象徵豐收與力量，聽山間繚繞著陣陣回音，彷彿與山水、溪與橋的對話，心靈喜悅自在，令人讚嘆大自然的鬼斧神工。

崩塌的舊路，山巔兀立的枯枝幹

「呼喚台」的水泥地與旁側垂立峭壁

安哈娜橋

都朴魯安橋（綠色）與安哈娜橋（紅色）

都朴魯安橋

第十一座Tupuzuan都朴魯安橋；彩綠色，此名稱是布農族語「呼喚」之意，是族人呼喊並且等待家人返家的地方，卡那卡那富族長老翁博學說過，這個地方叫ta″aratinga「達阿拉丁拉」，是整個河流最窄的地方，所有漂亮的漂流木，都會卡在該橋上游處，有時卡在左岸，有時卡在右岸，河流流向也常搖擺不定，在這座橋附近的避車道旁的水泥地路面可走下溪谷，在橋下仰望壯麗峽谷，陽光反射的淺潭中有著夢幻的蒂芬妮藍水色，令人驚豔。

第十二座Anhana安哈娜橋；硃紅色，為卡那卡那富族語「整片紅葉森林」之意，過去族人曾在附近藤包山的山腰平台居住，日本人稱為anhana紅花仔社，日治時期曾設紅花子警察駐在所，卡那卡那富族人視聖山藤苞山和附近的流域為傳統領域，安哈娜在日語中語意為「紅葉森林」，以前此地就有聖誕紅，季節變化裡呈現一整片紅色葉子的森林。

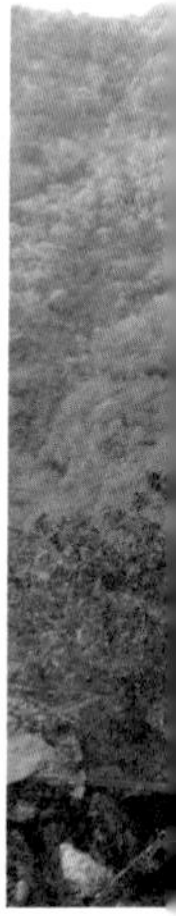

第十三座Haliv-aui哈麗奧爾橋；孔雀藍色，哈麗奧

那都魯札橋

哈麗奧爾橋

爾為布農族語，為乾溪溪流之意，因該溪於旱季時常乾枯無水。

第十四座Natuluza那都魯札橋；淺沙淡黃色，為最靠近南沙魯的橋，位於老人溪流入楠梓仙溪的會合處，「那都魯札」在卡那卡那富族語中為古時候的大聚落名，有物產豐饒、繁衍族人之地的意涵。

◆溪流應正名為「Namasia－那瑪夏溪」

與橋為伴的楠梓仙溪，現今交通相關標誌設施皆已改名為「旗山溪」，橋梁名稱旁總是對應著「旗山溪」標誌，整個那瑪夏地區被旗山的地名覆蓋著，這並不符環境土地正義。

雖然在觀光、保育與地方上等相關方面仍稱「楠梓仙溪」，但是踏入那瑪夏區的路標盡是被「旗山溪」所掩蓋著。楠梓仙溪的名稱由來也是根源「Namasia－那瑪夏」，「楠梓仙溪」原名源自於當地古老傳說，卡那卡那富族人為了紀念一位拯救全村性命的年輕人，取溪流名叫做「Namasia-那瑪夏」註5，以那瑪夏替溪命名。

「Namasia-那瑪夏」是譯音寫法，以中文字音據此轉音取代前者，因而在清領時期和日治時期的「南馬仙」、「南仔仙」、「南馬仙溪」、「楠仔仙溪」，再轉成楠梓仙溪，這種借字轉音的方式成為現今對河流稱呼註6，也足以說明楠梓仙溪就是那瑪夏溪。

有關於河川的標記，在那瑪夏至甲仙地區應正本清源標示為「那瑪夏溪」。位在上游的那瑪夏，卻要被下游的地名旗山同化，使少數民族的傳統文化內涵被忽略。溪流永不斷，族群遷徙文化印記永難忘，期望公路上的河川標示也能重視環境土地正義，在那瑪夏區的溪流段能正名為「那瑪夏溪」。

橋、路與溪的行程是個「近山、進山、浸山」之旅，留一條路給溪走，過溪架上橋，河水穿越堅固的鋼橋，人走在橋上欣賞河流映照壯闊奔騰的山雲，也感謝那瑪夏溪帶給人們珍貴的生命之水。

註1：臺21線五里埔至那瑪夏十二座鋼橋各具特色 http://www.5ch.com.tw/news.php?act=view&id=52894
第二七八章〈高雄市那瑪夏區〉楠梓仙溪的月光 https://blog.udn.com/williamluo1227/128577274
走訪那瑪夏手冊，屏東科技大學一〇八年十一月出版，頁十七
https://online.fliphtml5.com/zhuax/apkb/#p=17-

註2：公路邦．公路研究討論區－公路總局在二〇一三年開始針對邊坡有系統的管理，藉由「邊坡分級管理」，把有限的資源合理有效地分配在特定需要關注的邊坡，採「邊坡分級」，現分為ＡＢＣＤ四級。Ｂ級：疑似不穩定，兩年內有發生災害，偶有落石或疑似不穩定徵兆－所以看到邊坡分級，如果銘牌上寫著Ａ或Ｂ等級，請別逗留太久，以免發生危險。https://images.app.goo.gl/qiNsmp7puimPK1u98

註3：高雄那瑪夏「生命之橋」將通車 解決風災12年通行難題 2021-09-13 聯合報
https://udn.com/news/story/7327/5743465

註4：再訪旗甲公路－甲仙、那瑪夏——經濟部中央地質調查所，二〇一八〔民國１０７年〕37卷，第１期，第77－81頁（https://ton?f=/2018/201814152/f1562814711520.pdf）再訪旗甲公路／劉彥求

註5：卡那卡那富族的翁博學長老訪談 2021.03.15. 與「那瑪夏」地名的由來
http://crh.khm.gov.tw/khstory/story_info.asp?id=549

註6：高雄第一社大自然生態社王春智老師的說明

2 達卡努瓦Takanua風情畫

文・攝影——柯玉瓊

達卡努瓦里（Takanua）是那瑪夏最大的里，位於該區的中北段，為那瑪夏的行政文教中心，超過半數的人口住在這裡，布農族人口數雖占絕大多數，但是他們尊重原本就住在這裡的卡那卡那富族人，包括那瑪夏絕大多數的地名、河川和橋梁等命名，採用卡那卡那富族語居多，溪流與卡族人生活、生存、生態共相依存，高屏溪源頭之一的楠梓仙溪流貫其中，這裡是卡那卡那富族的故鄉。

◆大光教會和瑪星哈蘭橋

臺二十九線貫穿此處，是主要的聯外道路，0公里的起點路標立於大光巷，巷落屋子牆面有鮮麗亮眼的布農族人生活農事彩繪，道路旁的大光教會所在地，亦即瑪星哈蘭部落（Masinghalan）。這地方原名為「那努姆」（Nanumu），在布農族語意指「六個指頭」，本地傳說布農有個家族，曾產下有六個指頭的嬰孩而來。

瑪星哈蘭部落

臺九線起點與屋子牆面彩繪

0公里的起點路標

教會原是由五權教會分出，遷至現址並重新修建，當時牧師夢見巨大的亮光與星星，因此命名為「大光教會」註1。「大光」在布農族語就是「瑪星哈蘭」，教會除了是蒙神呼召，受神靈帶領的地方，也是部落的活動中心、緊急避難所，以及可舉辦大光杯籃球及排球賽的運動場所。

巷弄間的小路由瑪星哈蘭橋人行景觀橋串聯，建橋讓居民之間的交通與交流方便，而民生國小學童可避開車流量大以及沒有人車分道的臺二十九線，可縮短通學時間及維護安全。

那都魯札橋

大光教會

編織苧麻的羊角獸骨

瑪星哈蘭橋以三角形跟太陽的圖騰設計。布農族常見以三角形為圖騰的基本元素，尤其頭部三角形與一身美麗三角形斑紋的百步蛇，繼承了原住民的傳說與崇敬，在族人太陽傳說裡的故事中有了日、夜、月、年的時序及倫常規範，學會了敬天守誠，按照時序從事祭祀儀式，表達對自然的尊敬跟感謝，嚴格遵守生活上的各種競技禁忌，讓布農族人更了解如何與大自然和諧共存[註2]。原住民普遍認同自己是太陽光下守護祖傳生活的子民，呈現一種崇天法地的大自然主義精神，人行道旁的紅鐵杆以三角形鋼構，橋下圓拱與星芒如太陽光芒，在在呈現瑪星哈蘭是大光照耀。

瑪星哈蘭橋的斜對面有個很特別的「保命製慧館」[註3]，此館主人是發拉斯露營區的周孔志。館內有許多布農族的寶物，陳列了豐富的布農族自然工藝，與狩獵的動物跟採集的植物標本等，像是布農族的多寶格。命名為「保命製慧館」，應是想表明館內所蒐藏之物是充滿先民智慧，同時也是族人續存生命、保護生靈的重要之物吧。

由「保命製慧館」走出巷道的路旁，遍植山煙草、苧麻等，還可見到原住民族利用竹製的拉繩式趕鳥器。

◆守護族人的千年牛樟神木

那瑪夏區行政中心前的廣場上架立千年牛樟，樹幹身長七公尺，直徑達二點八公尺，重約二十二公噸，區公所設立高層的木棧階梯平台，可站高處俯視斜躺的千年牛樟木，其原生長於那瑪夏的最高山與望嶺山下，據族人口傳神木超過千年以上的樹齡，在莫拉克風災後漂流到楠梓仙溪河畔，二〇一二年六月發生水災，居民發現這棵千年牛樟木擱淺在達卡努瓦部落河床，在山老鼠想要盜伐運送之前，半途有

拉繩式竹管趕鳥器

牛樟神木

人報警攔截，林務局將它運載到屏東的雙流森林遊樂區保管，族人認為神木是共同的歷史文化資產，經過多年來的爭取，由原住民轉型正義委員會跟區公所協力讓神木回歸故土。

在二〇一九年的七月九日，族人舉辦「那瑪夏千年牛樟歸回安置祈福儀式」迎接典禮，以部落祈福、告慰祖靈、敬神等傳統祭典儀式迎接牛樟樹回家鄉，也將牛樟木斜放並朝向卡那卡那富族的聖山藤包山，象徵著牛樟木與聖山相互輝映，保護族人們，也做為環境教育宣導素材，珍惜山林資源[註4]。

◆達卡努瓦神社遺址

從臺二十九線進入達卡努瓦後，經由民生國小路旁，可以看見前往「日本神社遺址」的牌子，沿小徑陡上有一處停車場平台，石階入口處設置了一座新建造的紅色鳥居，穿過鳥居有一小廣場，由此往上是春夏賞螢步道，人們在廣場平台探訪滿是螢光點亮之地。

想像著日治時代的廣闊神社，這裡如古詩經上的「町畽鹿場、熠燿宵行」（町畽是田舍旁空地，禽獸踐踏的地方），今日已無舊日鹿跡斑斑場上留，卻有螢火閃閃夜間流，當時周邊腹地廣大，有學校設施、辦公廳舍、派出所、衛生所、還有執行刑罰之處所。

順著木棧道向上步行約二十分鐘左右，拾階而上，長竹落葉盡蓋陡坡，神社遺址在石砌駁坎的陡坡上面有三層平台；最上層為聖道，第二、三層為參道拜殿，是昔日信眾參拜之處，每層石階兩側皆有石燈籠，原先的神社配置有十二支石燈籠，至今現場僅剩八支底座殘跡註5。手水舍（參拜之前洗手之處）應該位於聖殿旁，但已無蹤跡，神社遺址的石垣、參道、聖道、聖殿基座保持完好，基座是神社本殿的基壇遺構，從前應該有一個木造的本

神社鳥居

聖殿基座與石燈籠

殿，位在基座上方，二戰後大概被毀壞而不見了，石階旁側遺留日式酒瓶碎片堆。

這裡能避開莫拉克風災的侵襲，是日治時期日本人的先見，選此居高臨下的位置，以便於時時監視與管理當地的原住民。尋蹟必須費體力爬山才能登頂，目睹寶貴的遺址，是當年由布農族人背負石頭重擔築成石砌階梯與駁坎。戰後因反日，有關日本的相關文字與圖案被刻意消除毀壞，致使難以考據神社的年代、舊神社的社名、建造日期、祭祀神明，遊客於賞螢季走入無光害的竹林遺址時，日治時期的神社事跡，也早被遺忘了，徒留神祕與寂靜及穿梭浪漫「螢」河中被喚醒的山靈。

往翁長老家祭祭壇

◆馬賽克磁磚拼貼的秀嶺巷

由深山裡唯一的伊比加油站附近巷道走向秀嶺巷，有卡那卡那富族長老翁博學的家祭祭壇，此處曾是米貢祭的場所，祭典場地在建有男子聚會所「札格勒」的廣場舉行，也是女人與孩童禁止進入的地方。男子聚會所是部落的核心，由木柱築成，黃藤綁縛固定，屋頂用芒草或茅草覆蓋，有著訓練中心、會議基地、祭壇等多種功能，承載卡那卡那富族歷史文化與精神象徵[註6]。

源於對莊嚴神聖祭典的崇敬，卡族在瑪雅另外興建一座類似的「札格勒」，以便遊客體驗「米貢祭」。祭壇旁建共用家屋，主要建材為木柱、竹牆、茅草屋頂。室內有石灶、吊棚、床等。灶上的吊棚，為存放食具或烤乾肉類之處，床架以竹木編製，室內後壁懸掛獸骨，走出祭壇外長老的家屋對面圍牆有大幅的卡那卡那富族人的彩繪。

秀嶺巷區在八八風災時受創嚴重，受創的居民，為展現對鄉里的愛，由已故的布農族兼具建築師傅、雕刻家及泥塑家等多才多藝的藝術家朱如寶，以及原住民婦女成長協會的協助下註7，社區住屋牆面有各族裡以傳統服飾

卡那卡那富族家屋

馬賽克磚拼貼牆面

與傳統生活文化為內容的馬賽克磁磚拼貼，從每戶色彩繽紛鮮麗的牆面上圖案可判斷出是卡那卡那富族、布農族或其他族群的住家，例如有著陶壺及百步蛇者可看出由南部遷徙來的排灣族，在秀嶺巷裡這些部落族群的圖騰，原味十足，既能展現傳統文化，又飽含現代藝術創作。

◆西那（Sina）雜貨店與民生教堂

沿秀嶺巷在有黃花風鈴木的小徑前往聚落，路旁一棟平房是「西那的家」，旁邊商店屋簷下一棵大榕樹撐開屋簷往屋頂伸枝展葉，迎著風前後搖動，來回擺動的影子映在地面上，發出低低的呼喚。屋簷下有椅子可讓人短暫的歇腳，這是那瑪夏規模最大的雜貨店，堪稱深山中的全聯中心西那商店，以其父之名「文雄」為雜貨店命名，西那（Sina）是文雄的布農族名。現在的經營者從母親手中接過雜貨店，母親是那瑪夏區最早種生薑的農人，因為父親去世而罹患憂鬱症，藉著畫油畫來療癒身心，無師自通的油畫，充滿個人色彩，每幅都很精彩，牆面上掛著多幅優美的畫作，增添店裡的文藝風采。

店面天花板以杉木建構，懷舊的店主在店面的擴充上依舊保存早期的舊地板磁磚，地面呈現三種不同時期的地磚樣貌，緬懷舊過去。深山雜貨店貨物琳瑯滿目，傳統雜貨、現代休閒零食、微波食材等，應有盡有，還以物流管理方式陳列居民日常所需，另有宅配服務，屋外簷廊下還有農民便宜寄賣的產品。

一家有溫度的商店，是小孩子喜歡逗留飲食的地方，即便那瑪夏有了第一家7-ELEVEN超商之後，也沒有影響到西那的生意，因為它是那瑪夏區達卡努瓦里專屬的雜貨店。

社區裡最大的信仰中心是民生長老教會，教堂的下層

◀店裡優美畫作 ▶西那雜貨店

民生教堂

牆面是石頭砌成的古蹟建築，最早以菱形石塊堆疊的建築，後來再增建最上方以鐘塔形式撐起十字架，貼上淺藍灰色磁磚當外牆，可看出兩個十字架的畫面，最新穎的部分是石頭教堂後方兩層樓米黃色建築，是主要大廳的禮拜堂，灰藍的石頭教堂有著不同年代的族群教友的禮拜堂，民生教會除了宗教的功能外，還兼具社區部落的社會文化等宣導與服務的支援。

◆達卡努瓦溪谷豐富生態

由達卡努瓦派出所的路徑往賞螢步道前行，可探見舊名為五權溪，現改名為達卡努瓦溪上游的橋身，有著紅黃黑的鮮明色調的德惠橋，橋上的卡那卡那富族人捉魚的藝術裝置，顯示著這裡的人文與生活，從橋上就可以觀賞到美麗溪谷與青綠山脈，由橋下走入溪谷，高高的水泥護岸引得水瀑奔流，大石頭令溪流充滿野性之美。達卡努瓦溪生態原生自然，有蓄足的水源可做灌概，從高處往下看去，這裡就是部落的桃花源，河溪曲折跌宕孕育的豐饒生機，溪石成就了溪流裡的生物多樣性，溪石由大而小，錯落溪床，堆置形成一階一階的清潭，潺潺流水，還有不時傳來蟲鳴與鳥啼，這裡是令人迷醉的溪谷。

「達卡努瓦」在卡那卡那富族語是Takanua或Tanganua，叫做「黨阿亂」，意為魚蝦很多的溪畔，卡那卡那富族人喜歡漁獵，居處必以動物和魚

◀水泥牆護岸的水瀑

▶蓄水池遠眺德惠橋

達卡努瓦橋下風光

達卡努瓦溪谷

類豐富之地做選擇。Takanua達卡努瓦溪為楠梓仙溪上游支流，溪水清澈見底，淺潭中小魚、蝦蟹不少，能讓族人自給自足，族人感謝河川帶來豐富的食物資源，讓卡那卡那富族人能夠在此安居樂業，於是以獨特河祭儀式感謝天地、祖靈及河川。溪流孕育部落自然生態美景，更飽含著卡那卡那富族人的感懷。

註1：臺灣教會公報社 http://101.pct.org.tw/ShareWork.aspx?strBlockID=B00298&strContentID=C2020031800014&strDesc=&strSiteID=&strCTID=&strASP=ShareWork

註2：走訪那瑪夏手冊，屏東科技大學一〇八年十一月出版，頁十八 https://online.fliphtml5.com/zhuax/apkb/#p=18-

註3：南臺科技大學行銷與流通管理系邀請『發拉斯保命製慧館』宣導保有布農族傳統文化與環境保護生態 https://news.stust.edu.tw/pid/3922

註4：千年牛樟古木淪落異鄉7年那瑪夏族人將迎樹靈返鄉（資料來源：自由時報電子報）
https://news.ltn.com.tw/news/life/breakingnews/2844328

註5：那瑪夏區的達卡努瓦神社（資料出處：臉書高雄老屋集）
https://www.facebook.com/groups/1424087277811220/permalink/2673878536165415/?sfnsn=mo&ref=share&extid=a&mibextid=e5miaB5--Kenny Liaw

註6：卡那卡那富族聚會所具多重功能及精神意象（資料來源：原文會原視族語新聞）
https://youtu.be/pP2SOzZqqX8

註7：那瑪夏的達卡努瓦里
https://lcss.epa.gov.tw/LcssViewPage/Responsive/AreaDoc.aspx?CityID=64000&DistrictId=1001227&VillageID=1001227001&ActDocId=736d9eae-29ee-44c1-a004-fa2003c9f531

3 溪流中的綠寶「水綿」

劉嘉蓮

「哇！這裡的溪水好乾淨喔。」那瑪夏布農族的海舒兒朱文華帶著我們一群人，手腳並用地走下達卡努瓦溪溪谷時，大家發出了驚嘆聲，原來在楠梓仙溪的上游，有這麼幽靜的山谷，清澈的溪流。

我們除了在溪谷裡發現魚、蝦、蟹等生態豐富的水中生物外，還看到漂盪在水流裡的綠色水綿，回想起之前在甲仙區踏查時，在地文化工作者游永福曾分享過，在食物匱乏的年代裡，水綿可說是綠寶之一，是可食用的水中蔬菜，除了叫水綿外，也可稱作綠藻、青苔等等。

乾淨的達卡努瓦溪／冷梅英 攝影

春天才有的水綿／柯玉瓊 攝影

適合採水綿的季節

在冬季末接近春天時，水綿會長得特別好；到了夏天，大太陽一曬，水綿就不長了。目前知道會食用水綿的族群有甲仙客家、大武壠、布農、卡那卡那富、拉阿魯哇和阿美族。透過原民電台的介紹，了解阿美族的傳統採集方式是以銀合歡的樹枝來撈取，這樣可以挑掉雜物，所以不管食材或工具，都是就地取材。

我們在三月初時到那瑪夏，溪流裡的水綿綠油油、軟綿綿的，大夥就直接動手撈，海舒兒一邊幫

我們採集水綿，一邊也跟我們分享他小時候食用的經驗，不一會兒，就撈到一小塑膠袋的份量了，晚上在民宿裡可以加菜囉！

卡那卡那富族長老翁博學說，他們會在水綿裡加入蝦蟹等來增加湯的美味，而阿美族的朋友則不川燙，而是洗淨後涼拌食用，加上蒜泥、薑、醬油、辣椒，就是非常美味的野菜。

而我們呢？沒有採集溪裡的蝦蟹，也沒勇氣嘗試涼拌，就以傳統「紫菜湯作法」，水綿湯裡打個蛋花，加點蔥花和香油。嚐起來真的有溪流的味道喔~有機會大家也可以試一下。

▲ 海舒兒幫忙撈取水綿／吳靜鴻 攝影
▼ 有溪流味道的鮮湯

4 「火金姑」編織地表上的星空

呂癸未

那瑪夏賞螢季，全臺最早登場，經過十來年的努力，已成為迎接夏季到來的熱門活動盛事。連續兩年的賞螢活動讓我對螢火蟲的種類有一些了解，臺灣目前已知的螢火蟲種類約有六十種，依幼蟲生活的環境，可分為三大類：水生螢火蟲、半水生螢火蟲、陸生螢火蟲。

螢火蟲是完全變態的昆蟲，成蟲只有二十天左右的生命，大都以露水或花蜜維生，陸生螢火蟲以小型蝸牛、蛞蝓為主食，幼蟲期獵食時，發射麻痺性毒液，使其癱瘓後，再分泌消化液來分解獵物，所以陸生螢火蟲的幼蟲為肉食性。

◆在林間跳舞的綠精靈

那瑪夏每年三月至五月，山林間螢火蟲會大量湧現，宛如是地表上的星空，閃閃發亮。

那瑪夏的螢火蟲經過調查統計約有十五種，最常見的有黑翅螢、山窗螢、大端黑螢等七種，在夏日的夜空中，有如手持螢光棒的舞者，閃爍著綠色的螢光，有「山中綠色精靈」之稱。黑翅螢成蟲在每年三至五月出現，棲息於海拔一千五百公尺以下的山區，由於族群較其他種類為多，成為臺灣各地的賞螢主角，那瑪夏區也不例外。

二〇二一年那瑪夏賞螢季，四月二日登場，至五月一日止，為期一個月的時間，以「螢光不滅NAMASIA」為主題，規劃四條賞螢步道，分別為達卡努瓦星螢大道，神社遺址螢光隧道，瑪雅山壁螢河和南沙魯螢熠山坡。

二〇二二年的賞螢季提早將近半個月，高雄第一社大自然生態社連續兩年在那瑪夏區進行踏查，當然不能錯過這場螢光盛會，所以這兩年即使在疫情之下，都有幸能參加賞螢活動。

◀ 火蟲棲地環境／王春智 攝影

▶ 黑翅螢

愛玉園的螢火蟲盛況／張簡承德 攝影

周浩祥祕書的愛玉果園

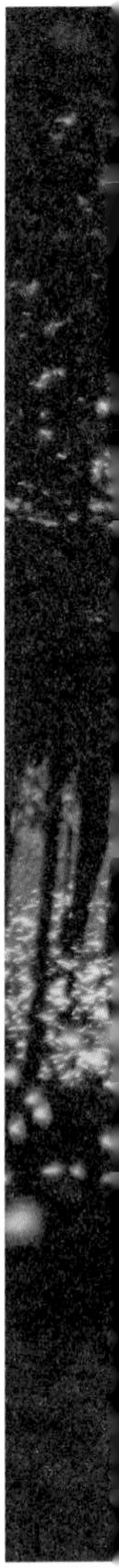

◆達卡努瓦星螢大道

那瑪夏區規劃的幾條賞螢步道中，螢況最好的是在達卡努瓦星螢大道，而我們兩年來選擇的賞螢路線都是在此地，透過當地長老得知此處螢火蟲的棲地屬區公所祕書周浩祥先生所有，並有幸能親自訪談。

周浩祥祕書先和我們分享棲地上的農作物愛玉，從他父親那一代開始種植愛玉，而他繼承了這項副業，如何在農業發展與土地倫理中取得平衡，是他努力的方向。

他說，大學時教授要每個人寫一份生態報告，他寫堂哥打獵的情況，獲得全班最高分，讓他對生態產生了興趣，之後受到臺灣生態界學者陳玉峰教授的啟蒙，修習了生態與經濟關係的課程，大學畢業後，回鄉一邊從事公職，一邊務農，便自然遵守安全用藥，不噴除草劑及農藥，定期灑水，依物候管理，按季節選擇割草時機，才不會影響螢火蟲棲地環境。

由於除草劑會直接殺死螢火蟲及其獵物蝸牛與蛞蝓，也會破壞棲地環境，所以棲地和步道兩側他都採用人工除草。因棲地復育有成，二〇〇七年區公所找他合作螢火蟲復育計畫，幾年之後，螢況顯著增加而帶來觀光效益，因此陸續有農友加入棲地復育的行列，生態環境與民生經濟更能相輔相成。

當地農友積極復育生態環境，一方面滿足觀光發展需求，維護地方特色的生態資源，結合區內的原民文化，行銷當地農特產，增加觀光的人潮，永續保有地方觀光資源，就有了美麗願景。

5 誘人前來的那瑪夏農特產

陳桂英

熱門的旅遊景點必定有受歡迎的伴手禮，而強調自然景觀的高山，高山溫帶水果與農產，也是吸引人來此的目的。

那瑪夏農產除了愛玉知名，還有梅子、李子、筍子、薑、芋頭、咖啡、龍鬚菜，以及那瑪夏特有的熱帶水蜜桃等經濟作物；有些是原住民傳統飲食的主要食材，有些是莫拉克八八風災後，刻意經營的農作物；在得天獨厚的環境下，有高山作物的獨特風味。

龍鬚菜（*Asparagus schoberioides*）**：**每年十二月至三月種植，全年都有產出，四月到十月是採收旺季，春夏約兩天一採，冬天四天採一次。龍鬚菜是佛手瓜（隼人瓜）的嫩芽，二十公分左右的嫩芽又嫩又脆，高纖維低熱

龍鬚菜田

筆者至那瑪夏採李子

梅子加工

量，營養豐富，可清炒、可涼拌，比佛手瓜料理更好吃，因此龍鬚菜更得到大家的青睞。

梅子（*Prunus mume*）**：**每年的晚冬至早春，即一月下旬到二月，是梅花盛開的時節，到清明初夏梅果成熟，清明前後採收，可做成脆梅、梅乾、梅醬、話梅、梅酒，甚至酸梅湯。梅子可以入菜，也可以入藥，然而要處理梅子也是非常繁複的工序。

李子（*Prunus salicina*）**：**李子種類繁多，有水李較酸、蜜李脆口、黃金李甜，又有水蜜桃口味，以及蘋果李，而最大宗的是又大又甜的紅肉李，既可做蜜餞，還可釀李子醋及紅肉李酒，聽說相當補血呢。

竹筍：那瑪夏出產的竹筍，有冬筍、桂竹筍，最大宗還是麻竹筍，早期交通不便，採收的麻竹筍會就地加工，做成酸筍、筍乾、筍脯、筍絲甚至醬筍，開山鑿路交通方便後，紛紛改種高經濟作物，各式竹筍都有漸式微的傾向。

芋頭（*Colocasia esculenta*）：此地氣候濕潤、土壤肥沃，大都是利於排水的山坡地，所種的芋頭也是跟甲仙的芋頭一樣，是又香又Ｑ（Ｑ彈）的檳榔心芋。甲仙有南橫之便又善於行銷，出了名的甲仙芋頭常供不應求，聽說有的還是從那瑪夏的芋頭送去「支援」的呢。

薑（*Zingiber officinale*）：薑可入菜，也能做藥用。薑苗種下約四個月就會長出嫩薑，成長到六個月即是粉薑，十個月後就成了老薑，市場上有所謂的一年薑、二年薑，聽說種越久的薑越貴，當然它的療效就越好。一般炒菜用嫩薑、粉薑，至於冬天大家喜歡的三杯雞或薑母鴨就必須用老薑。薑需要濕暖的氣候，土壤肥沃，排水良好的山坡地，因此薑也是那瑪夏的經濟作物之一。

咖啡（*Coffee*）：好山好水，再有杯好咖啡就更好不過了。那瑪夏在日治時期是臺灣最早種植咖啡的地方，雖然廢棄很長一段時間，但近年種植咖啡風潮再起，此

那瑪夏的芋頭田

地一些小農也開始種咖啡，並與時俱進，研究手工採咖啡豆後，如何進行後製工序，去皮、日光曝曬、脫膜、烘焙，而產出香醇的好咖啡。早期都是日本時代留下的鐵皮卡，後來種阿拉比卡品種，而伊比加油站裡的花兒咖啡，種了最新的藝伎（Geisha）品種，已種植幾年即將可以採收，藝伎咖啡登場時日不遠。

水蜜桃（*Prunus persica*）**：**水蜜桃與李子一樣，三月桃花紅李花白，桃李爭豔。每年五月的賞螢季過後，接下來的重頭戲就是水蜜桃跟紅肉李登場。由於那瑪夏的海拔、土壤及氣候非常適合種植熱帶水蜜桃，此地產的水蜜桃個頭雖不大，但果香濃郁、皮薄汁多、果肉細緻、口感綿密、甜度佳，入口即化，讓人讚不絕口。

八八風災後重建，新建造交通運輸恢復並且更順暢，水蜜桃種植面積逐漸擴大。那瑪夏水蜜桃在五月底收成，並隨即開始修枝、殺菌殺蟲與施肥，待到十一月份還要再次殺菌殺蟲與施肥。若為新種植的水

那瑪夏好吃的水蜜桃／王春智 攝影

伊比加油站的高春花為水蜜桃修枝

蜜桃苗，則要在十二月或三、四月種下，必須等兩、三年後才開始嫁接。一棵水蜜桃要四、五年才能收成，十年才會大量生產。

水蜜桃禮盒／王春智 攝影

水蜜桃是嬌貴的水果，開花時若遇下雨，結果率就不好。每年三月底水蜜桃像乒乓球般大小時就要套袋，套袋之前要噴速利淨或醋，為確保食用安全就不得再用藥。

近幾年政府重視原鄉的產業及觀光發展，那瑪夏螢火蟲季賞螢，接下來就是水蜜桃季上場，公所也會舉辦水蜜桃比賽，確保水蜜桃品質。那瑪夏出產的水蜜桃是遊客的最佳伴手禮！

那瑪夏區原住民文化，雖以布農族和卡那卡那富族為主，
但其他人口數較少的族群，也仍然為保存自己的文化努力著，
我們以傳統手作和當地人的生活方式，
認識在高山上定居的人，他們的生活之美。

高山上人家

那瑪夏詩篇 四

1 扎扎瓦與昂布樂格

冷梅英

〈我的家鄉〉翁博學作

manu pa ki ia una kesone
我年小時候有人問過我
cau makanan kasu tuturo pa ku
請問你是哪一族 請你告訴我
marʉ’ʉ ku kanakanavu
我愛我的 卡那卡那富
marʉ’ʉ ku namasia namasi ia
我愛我的 那瑪夏 我的家鄉

我們在那瑪夏區瑪雅里的芒果市集裡，一起吟唱卡那卡那富族長老翁博學創作的〈我的家鄉〉，歡迎原住民美食手作老師翁美英的來到，她是卡那卡那富族人，擅長手作編織及美食分享，也是卡那卡那富族語的指導教師，眾多才華集於一身，我們一群夥伴在熱鬧的芒果市集裡，展開美食手作課程。

卡那卡那富族有好幾種特色食物，並有獨特的料理和食用方式，我們學到的幾種，有以下幾項：

◆ capcavua 扎扎瓦食物包

原住民排灣與魯凱、卑南族常吃的cinavu吉那富，類似端午節的粽子，那瑪夏的原住民布農族和卡那卡那富族也有在食用，卡那卡那富族叫capcavua扎扎瓦，布農族叫cavucavu殺夫殺夫，我們第一個手作美食體驗便是capcavua扎扎瓦。

芒果市集的手作美食場地

翁美英老師

芒草解說：左有毛芒草 – 象草 / 右無毛芒草 – 五節芒

「扎扎瓦」準備的材料

這一天準備的材料有小米、生豬肉、假酸漿葉、芒草、棉繩。老師說可以只用小米、糯米或芋頭粉來做，但族人喜歡吃肉，所以一定會準備豬肉。在介紹材料時，特別講到假酸漿葉，這植物有顧胃的功能，配合較難消化的小米食用剛剛好。

另外也提到兩種不同的芒草——有毛的不會割手，沒有毛的芒草會割手，我們拿來包capcavua扎扎瓦的是有毛的這一種，以免大家受傷。在解說時還特別提醒，即使選用這一種在製作時，也要順著芒草葉片生長方向「順順的包」，才不會被割到了；而無毛會割手的芒草，另有重要用途。

祭典時使用的即是無毛的芒草，所以會特別小心。另外也提到他們蓋工寮時，使用無毛芒草，因為有毛芒草雖不割手，卻很容易碎掉，並不合用。兩種芒草各有所用，各擅勝場。社團的指導老師也補充說明，無毛芒草是五節芒，有毛芒草則是象草。

capcavua扎扎瓦用芒草來包，不用月桃葉的原因，是因為後者氣味比較強烈，會搶了食物的原味，所以原住民多半是用芒草來包。

「扎扎瓦」的包法如下：

1. 將適量小米平鋪在假酸漿葉上，再放上生豬肉，先左右包覆再輕輕捲起，然後拿芒草從底部慢慢往上折，將假酸漿捲包起來，再拿棉線捆綁好即可。

2. 將包好的capcavua扎扎瓦放入大鍋加水來煮，需要一個鐘頭。

❶「扎扎瓦」作法 1 ❷「扎扎瓦」作法 2 ❸ 放入大鍋加水來煮 ❹ 完成「扎扎瓦」手作 / 李鳳娟 攝影

老師說煮好後的小米會黏在假酸漿葉上，可直接吃下，非常爽口。假酸漿是非常特別的野菜，它是高纖植物，又含有豐富的葉綠素，有益於腸胃蠕動，具有助消化、消除脹氣的功效，很適合拿來搭配小米。聽說以前部落的長輩，會將假酸漿葉當成保鮮膜使用，拿來包裹食物可以延長保存天數，原住民真是有智慧。

一個小時後，終於等到起鍋，大家迫不及待地想嚐嚐自己親手包的美食。小米很軟糯，豬肉的油脂滲入米粒裡，小米配上假酸漿一口咬下，滋味真是齒頰留香，「果然是自己包的最香最好吃。」

蜘蛛抱蛋植株

◆ʼʉmpʉrʉkʉ昂布樂格分享包

在等待capcavua扎扎瓦下水煮熟的時間裡，我們接著學做ʼʉmpʉrʉkʉ昂布樂格分享包，分享包的造型獨特，更吸引大家手作的興趣。老師說，漢人端午節包粽子有典故，卡那卡那富族的ʼʉmpʉrʉkʉ昂布樂格包也是有典故的。ʼʉmpʉrʉkʉ在族語中，有分享的意涵，米貢祭或重要

聚會時，用來招待親友食用。早期以山蘇葉包，但因容易破損，經過族人研究改良，以蜘蛛抱蛋葉來替代，內餡則按照自己喜好，鹹甜都可。這一次我們準備的食材有熟鹹魚、熟糯米、花生粉，以及珍貴的蜘蛛抱蛋葉；這種珍貴的植物是從一小時車程外取得，老師請大家珍惜使用。

蜘蛛抱蛋葉，現今的卡那卡那富族人叫做ravani，而這個名詞原來是指山蘇，因為蜘蛛抱蛋的族語anung'ecuru的發音，剛好跟男性的生殖器官同音，後來就把蜘蛛抱蛋也稱作ravani了。

分享包的作法：

1.將蜘蛛抱蛋葉兩側斜剪，再將上半部葉片撕開，留下一半葉尾與中間的主脈，在葉尾部分鋪一點糯米，再放上鹹魚；喜歡吃甜的，就放花生粉。

2.接著就以三角形折法，慢慢捲包起來，直到

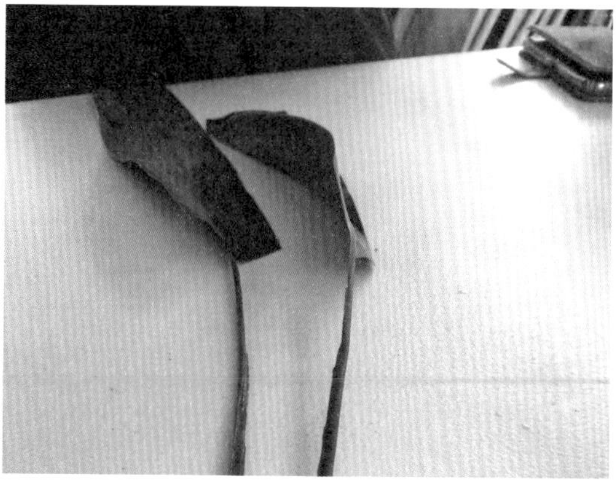

分享包作法1

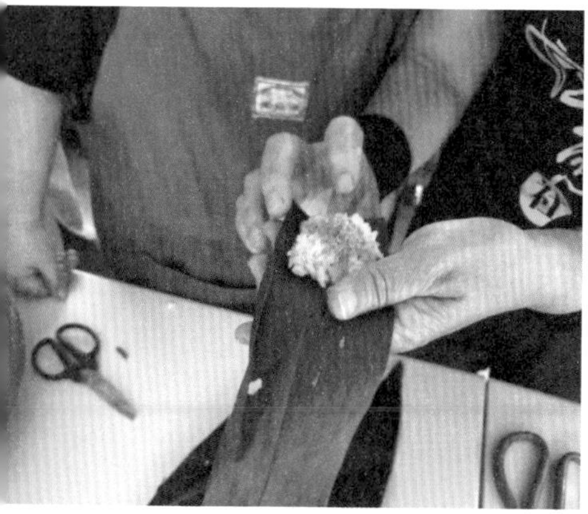

分享包作法2

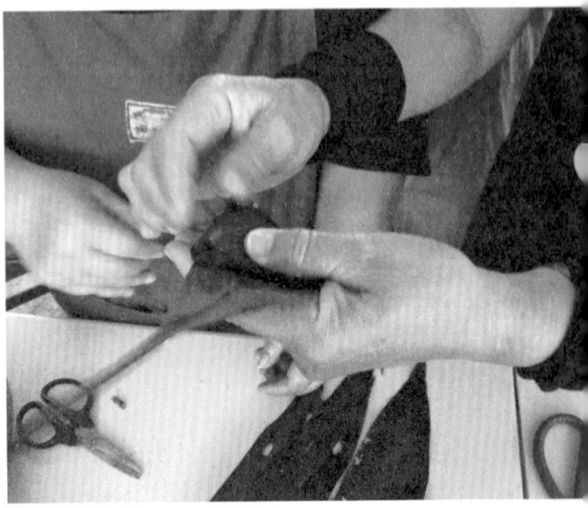
分享包作法 3

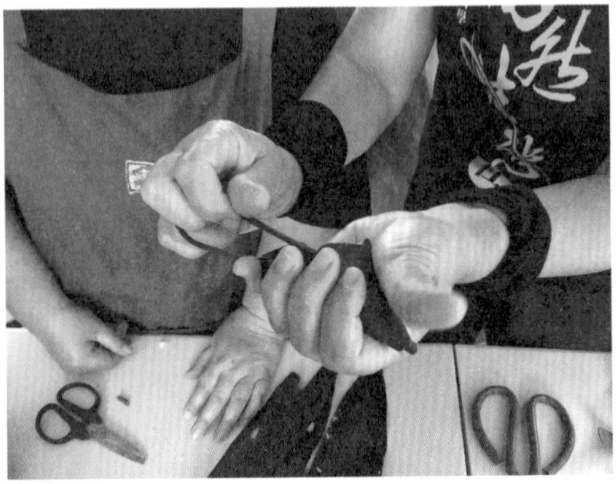
分享包作法 4

葉片捲包完，再將剛留下的葉子主脈插入穿出即可。整體造型就像是迷你粽的手機吊飾，小巧美觀，讓人愛不釋手。

老師邊教邊分享卡那卡那富的故事，她說，從前族中長輩到山上工作時，會準備’ʉmpʉrʉkʉ昂布樂格，因為裡面包的是熟食，隨身帶著就可以吃了，族人暱稱’ʉmpʉrʉkʉ昂布樂格為「分享包」。

又，卡那卡那富族在米貢祭時，祭儀祈福後，會分享給親友食用，所以對族人來說是代表很珍貴的食物。另外也稱之為「驚喜包」，是因為祭儀後，親友也會彼此餽贈’ʉmpʉrʉkʉ昂布樂格，而每家所包的餡都不同，所以對收到的人而言，吃到的每一口’ʉmpʉrʉkʉ昂布樂格都可能會帶來驚喜。

至於對我們這群自然生態社的學員而言，能親手做出’ʉmpʉrʉkʉ昂布樂格分享包，就已經是很大的驚喜了。

參與原住民美食手作，體會到原住民的美食材料都是來自周遭的生活環境，他們善用大自然的資源，發展出獨特的種族飲食文化，有些飲食文化更包含祭典儀式，或者共享共食的觀念，我們有幸能參加此次活動，除了味蕾的饗宴之外，也飽食了精神食糧。

做扎扎瓦（照片：社大提供）

2 拉阿魯哇的Va-Nau曾麗蘭

林貴香

她是一位充滿自信並能量滿溢，敢於築夢並付諸行動的人，災難會讓人變得一無所有，但她留下來守護家園，承擔失去，並靠著個人意志力與信仰克服困難，在重建家園的過程中，點燃生命的熱情並展現活力。

◆ 投入部落的醫療照護服務

Va-Nau曾麗蘭是拉阿魯哇族人（Hla'alua），出生於那瑪夏區瑪雅里，大約國小三、四年級時離開部落在外求學，樹人醫事學校畢業，長期在外工作，直到二十八歲返回部落衛生所到退休。

她是助產士的女兒，母親在日治時代接受培育成為助產士，在部落協助產婦，擔任醫療服務長達四十幾年，Va-Nau曾麗蘭年幼時曾陪同母親到待產婦家中接生，在貧瘠的年代，交通不方便，當時在南沙魯的路上，夜晚無路燈，用火把「haslum」做照明，這一段歷程對她來說記憶猶新且影響深遠，讓她體會到從事護理工作要以愛心服務鄉民。

Va-Nau曾麗蘭在那瑪夏區衛生所工作時，負責疾病管制、傳染病及口腔癌和大腸癌等等癌症防治與醫療照護工作。她在進行衛生教育時，經常能運用巧思創意來宣導，讓衛教工作順利進行。雖然拉阿魯哇族有自己的族語，但他們更善於用布農族語，尤其與族裡的長輩以布農族語來溝通更為流暢。

在自己的土地上生活，也讓她想成為母語老師，所以努力學習布農語，在一九九六年通過母語認證，增強了自己的語言實力，在服務工作上跟自己的族人有更好的交流。

進行衛生教育時常運用創意巧思

◆打造瑪那灣休閒山莊

二〇〇一年，她開始規劃退休生涯，回憶當初想經營休閒山莊的念頭，起於和同事、朋友等在地人，一致感到外地人來到部落，無處坐下來休息的所在，思及此，Va-Nau曾麗蘭說做就做的行動派個性，為打造夢想隨即付諸行動。

她的休閒山莊在一邊開發動工，一邊寫計畫書向原民會申請青年貸款中開始，在自己有限的存款中運用，只能寄望能順利貸款，然而質疑從來沒斷過，尤其島內旅行風潮才逐漸打開，那瑪夏區還稱作三民鄉，一個深山裡的聚落要如何吸引人來，建造民宿預估要八百多萬，「會有遊客來嗎？妳們如何還貸款的錢？」的質疑聲從來沒斷過，Va-Nau曾麗蘭在經過相關單位現場多次勘查，與銀行多方周旋，都用堅定又柔性的態度，抒發經營理念，終於爭取到最高貸款額度三百萬元，如今看來不多的經費，當時卻讓在地親友族人大為驚歎並敬佩不已，而她對這個過程也相當引以為傲。

原住民特色風貌木屋

瑪那灣休閒山莊（筆者繪）

露營區

Manawan瑪那灣，布農族語意為很漂亮，也是以所處的環境優美景致而命名；瑪那灣休閒山莊占地二．四甲，位於楠梓仙溪畔。

Va-Nau曾麗蘭與妹妹合夥經營，投入所有心力與財力，花了三年時間打造夢想園地，就地取材，搭建出原住民特色風貌，在大自然裡，有木屋、涼亭及偌大廣場，也提供原住民在地風味餐。當時山莊的訂房率頗高，親切的服務也讓遊客有家的感覺，在配合推動那瑪夏的社區總體營造上，帶動部落觀光與經濟，擔任起解說員，注入豐富原住民文化及族群特色的內容，令遊客印象深刻，更加了解在地文化。

◆莫拉克八八風災創傷

如同所有那瑪夏區人的惡夢，二〇〇九年八八風災來襲，三天三夜的大風大雨，河床漲滿，山莊被沖走，滿目瘡痍，瞬間變成一無所有。

當時Va-Nau曾麗蘭的妹妹留在民宿，經歷驚嚇、無助及害怕，在風雨交加、星月無光中，打算撤離河床低地，生死交關之際，不斷地向上帝祈禱，隱約看到前方有一盞閃爍的燈火，如上帝在引導妹妹行進的方向，最終平安獲救，即使在經過十幾年後，提到這段過程仍難掩傷心難過，但又充滿對上帝的感恩之情。

她除了要面對自身巨大變故外，身為從事醫療的工作者，義無反顧承擔起部落的醫療救護協調工作。首要需對外取得連絡，讓傷病者優先搭乘直升機撤離，當時承受的壓力無比巨大，但看到災民的遭遇比自己更悲痛，只能盡快調整自己的情緒，鼓起勇氣投入救災行動，並於災後參與災民的心理重建工作。災後、接受高雄縣政府衛生局的邀請，分享八八風災醫療救護的經歷。

對於災區的住民，災後重建不只在於硬體的建築工事，自身的修復才是漫長的心路歷程。她說，風災時忙著醫療救護災民，當下傷痛可以暫時埋藏起來，但獨處時一閉上眼睛，彷彿在遙遠處的灰色大海裡，看到自己的小小身影載沉載浮，整個人像墜落在深谷裡。Va-Nau

曾麗蘭有次去看中醫，中醫師把脈時問她：「妳的心是否死了？」問診也是問心，面對災難仍傷痛不已的她，自覺像罹患重度憂鬱症一般。

◆再度感到呼吸的重生

經營的事業被風災大水沖走，除了要承受心靈上的悲痛之外，民宿貸款也成問題，面對無法逃避、必須承擔的責任，也激起她的鬥志，下山北上立法院協商，取得二年延緩貸款的時間，在爾後的十年時間慢慢將貸款還清。

在人生一路忙著工作的日子，身為基督徒的Va-Nau曾麗蘭很少進教會，總覺得心中有主就好。災後，她才開始到教會，感動於牧師及教友的關心與禱告，才認識自己以往的驕傲，把所有的成就都認作自己的才能，在瞬間變得一無所有，就傷心且怨天尤人，到教會後才領悟到所有一切是上帝給予的智慧，學習謙卑及柔軟的心。她剛進教會的初期完全不懂基督教義，就被推選為教會執事並連任八年，甚至被選為長老，有機會事奉上帝及服務族人，進而體認到「因為信仰，讓心安定、有依靠」，重新燃起生命的希望與動力。

曾麗蘭自述直到二〇二〇年才感覺「有在呼吸」，事業心再度啟動，思索規劃著經營民宿及露營區，整地興建露營區，提供遊客休閒及賞紫斑蝶的地方，平日也與媳婦一起經營以榕樹為名的「樹萊芽兒」早餐店，並開始種水蜜桃，經過不斷改良，種出芳香甜蜜多汁的水蜜桃，每年參加那瑪夏區公所水蜜桃比賽，每次參賽都名列前茅，曾於二〇一八年拿到第一名，水蜜桃的品質備受肯定。

她經過莫拉克八八風災的淬鍊，死而後生，感覺自己再度活起來，是那瑪夏區人的夥伴，也讓山下的人認識到災區居民的堅韌。

▲樹萊芽兒早餐店

▼甜蜜多汁的水蜜桃於 2018 年參賽榮獲第一名

3 深山裡的溫情加油站

陳桂英

伊比加油站在莫拉克八八風災時，成了那瑪夏區重要的補給站和中繼站，不只是加油的地方，也是物資轉介交換場所，當然更是在山區解決一時之急，暫緩行程，暫歇的所在。

加油站的經營者是高春花和她的妹妹阿美共同的事業，進入那瑪夏區的人很難不注意到這個地標，雖然營業時間是「天光6點到暗時6點」，在牆柱上掛著醒目的海報這麼提示著，但很多人四點天未光就等著加油，不忍鄉親久候的她們只得照樣服務。

伊比（I bi）是她們父親的布農族名字，以此命

伊比加油站營業時間

雜貨店 & 民宿門前的自種蔬菜

加油站的「水利署」

名紀念；而做為此地唯一的加油站，也是一個村民可以賒帳加油的地方，通常採自行加油再自行報帳付錢，在整體上也可以看出經營者的幽默風趣和創意，像是在加油站右後方的洗手間，掛上「水利署」的標誌，讓人知道可以在此解放。

在加油站邊有家「她瑪咖啡店」由阿美負責打理，她瑪（tama）是布農族語「爸爸」的意思，是他們的爸爸留下來的地方，就以此命名。阿美也經營民宿、餐飲，以及「吉娜雜貨店」，吉娜（chi na）是布農族語「媽媽」的意思，他們在民宿門前及旁邊種了不少的蔬菜，這是讓來用餐的客人可以吃到現採現煮的風味特色餐。

八八風災重創整個那瑪夏，橋梁毀損，山崩路斷，對外交通受阻，為了服務山中的鄉親，高春花在公路未修復前仍然從玉打山下青山部落連接茶山部落的青山公路開貨車，載著油桶，翻山越嶺到嘉義大埔去補給汽油。她曾經在山路翻車，並自行掙扎著爬起來，繼續加油站的工作。

二〇二〇年的最後一天，在前往那瑪夏大光教會跨年晚會的路上，巧遇春花開電動車載著九十高齡的媽媽去會場，她是我老家鄰居的同學布農族人，母親高周玉葉是在那瑪夏出生，受過日本教育，也上過兩年國民義務教育，教養良好的原住民，會講族語、日語之外，還可用華語跟我們聊她小時候的環境。

像是過去物資貧瘠的生活，醫療資源匱乏的難處，談到她從小就沒有母親照顧，姊姊、弟弟、妹妹也都相繼去了天國。她曾經是個宣教士，後來結婚，嫁給了獵人，生有五個女兒，是在家裡相夫教子的主婦。

她直白地談到非母系社會的族群特性，男人得上山工作，操勞又危險，若是喜歡喝酒，容易導致肝硬化，往往早早就蒙主寵召，因此單親媽媽特別多，而他自己不幸地就成了其中一員，必須扛起家庭生計。

山上的生活辛苦，為了女兒與自己的生活，高周玉葉在玉打山下種了李子、梅子、

右一為高周玉葉阿嬤，左一為高春花，中間為筆者（2022.03 拍攝）

紅肉李、愛玉和水蜜桃等經濟作物，養活全家，唯一的寄託是信主耶穌，因為信仰讓人生有所慰藉，變得豁達與樂天知命。

高春花是我老家鄰居的同學，是家中五個女兒中的一位，性格堅毅有韌性，真正的高山民族，小小個子爽朗親切，舉止樸實無華、勤奮顧家，育有三名子女，女兒出嫁香港，小兒子任職長榮海運，大兒子在甲仙農會上班，假日也會幫他做農事和處理加油站的帳務。

每天清晨四點多送走了第一批來加油的客人，就是她整理環境的時間，加油站裡邊種了各式各樣的花草需要照顧，清洗「水利署」內的廁所、洗手檯、咖啡雅座內的桌椅；加油站偌大的環境灑掃及所有的花草要澆水，而春花總是將母親帶在身邊，侍侯她的生活起居，無微不至。

她有原住民質樸的天性，待人誠懇大方又熱情豪爽，經常讓客人有賓至如歸的感覺。高春花的「花兒

各式各樣的花草

花兒咖啡店一景／林靜莉攝影

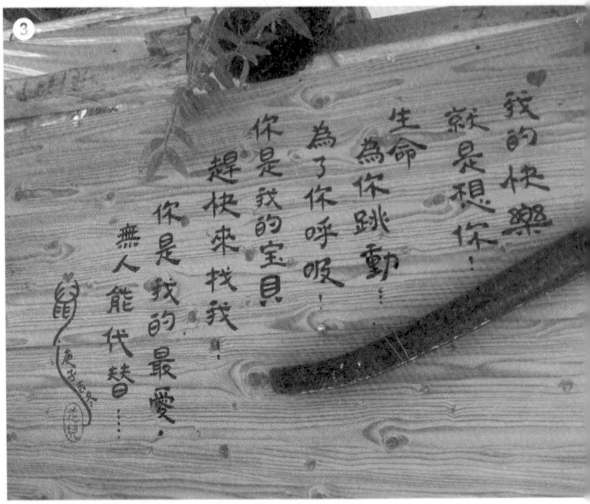

❶ 自種有機咖啡　❷ 花兒咖啡店　❸ 木匾　❹ 藤編

咖啡」是自己種植的咖啡，從摘採到後製處理、烘焙等都自己來，是真正的純手工咖啡。她也種愛玉，同樣的一手包辦全部的工序，看她洗出的愛玉就可看出她豪邁的個性，春花不惜成本用大把珍貴的愛玉子，洗出渾厚Q彈的愛玉凍。

在那瑪夏山區，伊比加油站周邊，這一家人從經營加油站到咖啡餐飲、民宿，在在透露出布農族的生活風情與文化特質。高春花自己手作的竹編、藤編、苧麻編織、手工吊飾，琳瑯滿目擺滿各處，甚至在農閒之餘，她會提起畫筆，創作山水風景與自畫像，藝術天份表露無遺。

她常說，「好與壞都一定會度過」、「跟對的人吃任何食物都是山珍美味」，這是高春花的人生哲理與生活態度。這處深山裡的加油站不單只是加油站，也是認識高山民族樂天知命的地方。

▲高春花與自編苧麻袋
▼高春花自畫像

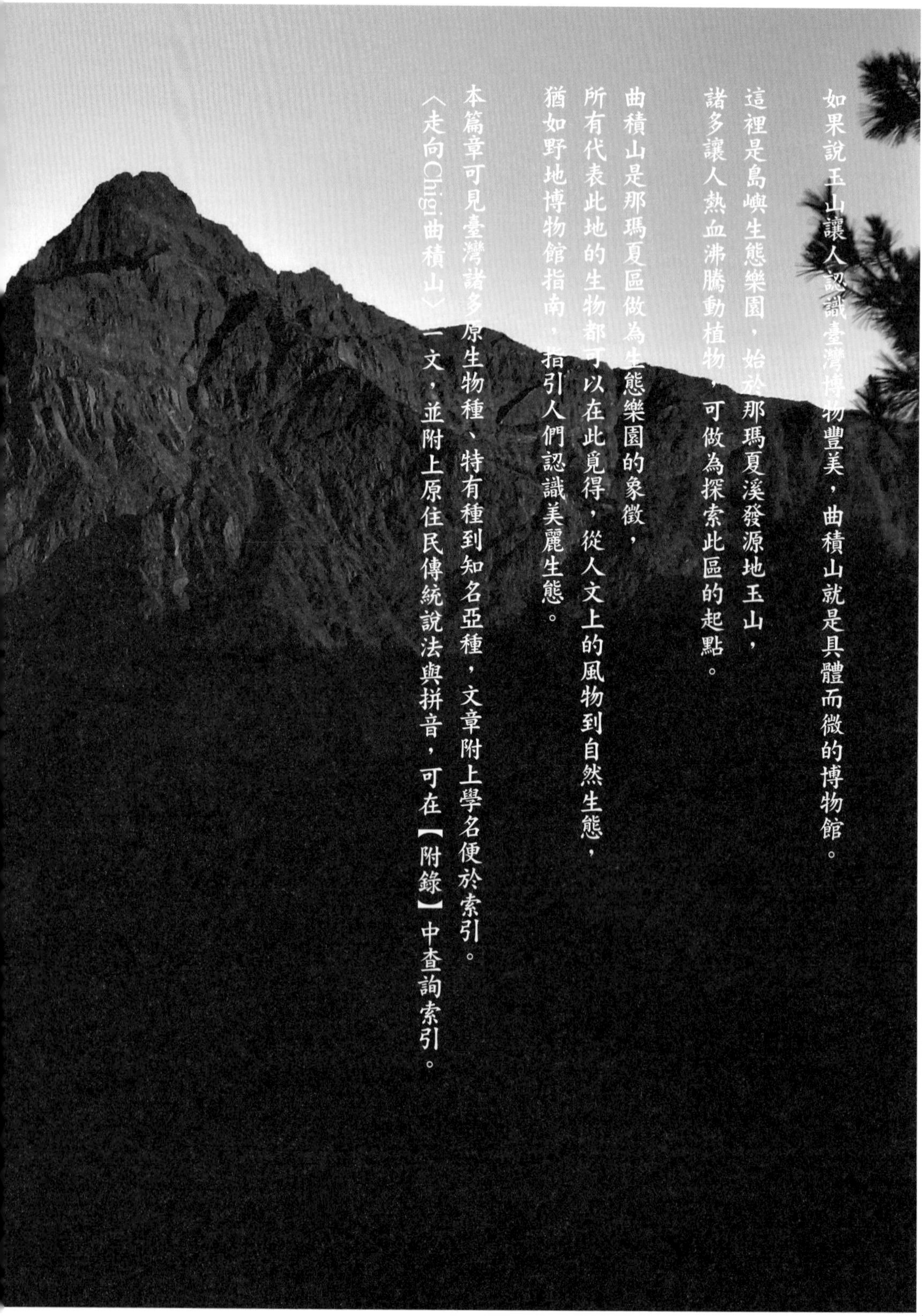

如果說玉山讓人認識臺灣博物豐美，曲積山就是具體而微的博物館。

這裡是島嶼生態樂園，始於那瑪夏溪發源地玉山，
諸多讓人熱血沸騰動植物，可做為探索此區的起點。

曲積山是那瑪夏區做為生態樂園的象徵，
所有代表此地的生物都可以在此覓得，從人文上的風物到自然生態，
猶如野地博物館指南，指引人們認識美麗生態。

本篇章可見臺灣諸多原生物種、特有種到知名亞種，文章附上學名便於索引。
〈走向Chigi曲積山〉一文，並附上原住民傳統說法與拼音，可在【附錄】中查詢索引。

那瑪夏詩篇——五

抵達島嶼生態樂園

1 驚豔玉山國家公園

文──李永昌
攝影──王春智

玉山上，國家公園裡，收藏諸多臺灣特有種，臺灣原生種或是各種動植物的亞種，有幾樣是臺灣人一看即知，會發出驚嘆：「啊！這是我們最高山上的美麗事物。」

這裡的生態踏查範圍以楠溪林道至楠溪工作站，玉山林道石山段，鹿林山、麟趾山間的玉山林道至玉山登山口等區域為主。

玉山國家公園海拔兩千公尺以上的地區占了三分之二，植被由亞熱帶、溫帶、至寒帶，林相變化複雜多樣，海拔由低至高依序可分為鐵杉、雲杉、冷杉林帶及高山植群帶。

玉山假沙梨（*Photinia niitakayamensis Hayata*），又名夏皮楠、柳葉紅果樹、臺灣假沙梨，是為臺灣特有種。

楠梓仙溪上游源流

若碰上花卉盛開的季節上山，許多平時綠油油的樹木，就能翻身成鏡頭裡的焦點，玉山假沙梨就是其中之一；薔薇科屬，四至六月花期盛開時，會在樹冠叢長出一大片白色小花，七至十一月結果期，豔紅累累的果實，更吸引各方鳥類和野生動物來覓食。在樹下聆聽整群冠羽畫眉的輕啼，這樣美好的體驗，讓人感到喜悅無比。

高山當藥（*Swertia tozanensis*），又名細葉當藥、松田氏當藥、搭山獐牙菜，臺灣特有種。

走在楠溪林道半途，大夥突然發出喧嘩：「好美麗的小花！」原來碰到了高山當藥。以往只從網路見過，這次親眼所見竟然如此小巧可愛；這些花色有如萬花筒般的當藥，可是各有各的夢幻色彩啊！

能高大山紫雲英（*Astragalus nokoensis*），臺灣原生（Native）特有種，更是易危（VU, Vulnerable）植物。

玉山假沙梨

高山當藥

臺灣帝雉

能高大山紫雲英

紫雲英屬的能高大山紫雲英，有旗瓣、翼瓣、龍骨瓣的花部，也是蝶形花亞科的特徵。在夏季玉山步道上，常可看見美麗的能高大山紫雲英成群生長，它們可是廣大的豆科植物群中，少數的臺灣特有種喔！

臺灣帝雉（*Syrmaticus mikado*），又稱黑長尾雉，俗稱羅漢腳雉、海雉、烏雉，為臺灣特有的長尾雉屬鳥類。

臺灣山羌（*Muntiacus reevesi micrurus*），又稱麂、羌仔，臺灣特有亞種。

在玉山各條步道上，當我們放輕腳步，見到野生動物的機會也會大大地增加，前往石山的玉山舊林道上，見到了出來覓食的臺灣帝雉，在返程的林道上，更驚喜地發現因來不及跑開，而蜷縮在路旁的小山羌，在在都顯示生態復育的成果。

臺灣野薄荷（*Origanum vulgare L. var. formo-*

細葉山艾

玉山野薄荷

sanum Hayata）。

細葉山艾（*Artemisia morrisonensis Hayata Artemisia campestris L.*）。

尋找植物的過程，也常常啼笑皆非。有時為了整理拍攝出不認識的高山花卉，在網路上找了又找，卻仍滿頭霧水。原來，從細葉山艾下方延伸出來的花，是另外一棵不同的植物臺灣野薄荷的花，害我以為自己發現了新物種。

玉山圓柏（*Juniperus morrisonicola Hayata.*），香青、香柏、高山柏、山柏，喬木與灌木兼有，臺灣特有種。

最後，以森林界線的代表玉山圓柏做為結束。玉山圓柏在高山的避風帶中可長得非常巨大，當它面對惡劣環境時，又可變化為堅忍剛勁的奇木，在許多高山稜線上，常看到他們一枝獨秀的英姿，令人讚佩玉山圓柏為求生存而演變的奇蹟。

深秋

2 走向chigi—曲積山

林月霞

曲積山，布農族語chigi是指獵物很多的地方，卡族語tarucugna意為古早做山棕雨衣的地方，這裡的風土人文與自然生態是那瑪夏區的標誌，更是探索八八風災前後，災難對大自然與人類的影響，最好的寫照。

那瑪夏區的三個里由南往北是南沙魯、瑪雅、達卡努瓦，而曲積山入口位於瑪雅（原民權村），車行臺二十九線從甲仙進入那瑪夏時，首先要經過南沙魯，再來是瑪雅。瑪雅最熱鬧的地方是芒果樹部落市集，不僅有原民風味的咖啡可品嚐，也可以預約體驗搗麻糬、做原民風味飯包，也有多家餐廳及攤位可飽食。

四、五月時香甜多汁的熱帶水蜜桃登場，果農們也會在此擺攤。接續的梅子、紅肉李、黃肉李、蜜李、青龍梨、金煌芒果都是受歡迎的水果。農產食材在一、二月時有生薑、山蘇，三月開始的桂竹筍之後，就是綠竹筍和麻竹筍接續，十月的小山芋以及全年皆有生產的

沙阿魯娃山

龍鬚菜在此終年可見。

芒果樹部落市集向右往山上走瑪雅聯絡道路，約兩百公尺處右邊有一往上叉路，立牌標示著「沙阿魯娃山」，走往沙阿魯娃山有臺灣原住民族十六族之一Hla'alua拉阿魯哇祭壇，拉阿魯哇族由排剪社（Paiciana）、美壠社（Vilanganʉ）、塔蠟袷社（Talicia）及雁爾社（Hlihlala）四個社組成，主要聚居在高雄市桃源區高中里、桃源里以及那瑪夏區瑪雅里；左下方則有Kanakanavu卡那卡那富祭壇及家屋，是米貢祭與河祭的場地。持續往上，沿路常見黃花曼陀羅，有如身穿黃色舞衣翩翩起舞的小精靈們，熱鬧非凡。黃花曼陀羅花雖美，但它可是全株有毒，幼株未開花時，也很容易與可食用的假酸漿混淆，請大家記住——可食用的假酸漿葉對生，有毒的曼陀羅葉則是互生。

路口上來約莫三公里，接近因八八風災而遷移改建的民權國小時，路兩旁有的開墾種梅子，也有關建成露營場地。有最美校園之稱的民權國小，是由臺達電邀請郭英釗建築師，使用在地疏伐人工林的臺灣柳杉，以傳統家屋意象建造，榮獲「鑽石級綠建築」的肯定，也是許多遊客到那瑪夏時會造訪的景點。

民權國小

經過民權國小後，左方有一條小路通往樟樹林，林下闢建木棧道，一方面讓人行走安全舒適，一方面也保護這裡的昆蟲植物不被踩踏，這裡是螢火蟲的觀賞區，在林下散步，聞著樟樹林散發的芬多精，使人神清氣爽，三、四月來，一抬頭，幸運時可以看到開花的血藤。

離開樟樹林，沿著兩旁的永久屋，有的整理舒適有人住，有的令人懷疑是否自始至終沒人入住過。過永久屋持續往上走，矗立在路旁指示牌醒目地寫著「舊民權國小遺址」，往右是陡坡路，有點小、會車不易，就是舊民權國小遺址，現已闢為停車場，停車場邊立著校史沿革介紹，自一九〇四年（明治三十七年）「蚊子只蕃童教育所」開始授課，一九二三年九月成立「高雄州瑪雅圳教育所」至今，正好百年。多棵高聳蓊鬱的百年大樟樹生命力極強，上面寄宿的崖薑蕨、山蘇也很茂盛，由掉落在地上的臺灣欒樹果實抬頭尋找，發現臺灣欒樹的莖幹需兩、三人環抱，該是人瑞等級；為建校舍所築的駁坎雖已百年且長滿了青苔，但仍穩穩地坐立在原處，守護著這片土地。

血藤花

樟樹旁上曲積山的路徑，有著乾淨舒適的公廁可使用，公廁牆面彩繪著大大的原住民俊男美女，貼心地讓人從大老遠就可以分辨男廁、女廁，廁所內也打掃得乾乾淨淨，這真的要好好讚美那瑪夏區公所的公廁管理，以及負責清潔打掃的姊妹們的用心。公廁之上，還建有木造觀景台，可以休息，可以鳥瞰瑪雅、達卡努瓦，也可以眺望楠梓仙溪對岸阿里山山脈上的玉打山。

◆宛如一座開放式自然生態博物館

那瑪夏三千多人口中，以七成多的布農族為最多，其次是一成的卡那卡那富族。布農族是傳統祭儀最多的一族，農耕生產方式以山田燒墾及狩獵為主，野生動物是他們肉類食物的來源，因此孕育了布農族的狩獵文化。

那瑪夏的曲積山，布農族語「chigi」是指獵物很多的地方，卡族語「tarucugna」意為古早做山棕雨衣的地方，也是那瑪夏布農族狩獵的場域，那瑪夏布農族的耆老為了不讓年輕一輩喪失傳統的狩獵文化，會不定期辦營隊帶領那瑪夏的國中學生到曲積山，甚至更深山裡露宿，讓學生們體驗祖先狩獵的精神和文化的傳承。

曲積山山徑前段約有一公里是鋪設水泥的產業道路，是為了方便種水蜜桃及李子的果農採收後以貨車運送。在高經濟價值的水蜜桃採收時期，果農會在園裡拴養多隻狗幫忙看顧，也會放沖天炮嚇嚇猴子，但也會嚇到登曲積山的遊客。

曲積山的三角點海拔一千四百一十公尺，由登山口舊民權國小到三角點步道全長近四公里（平穩稍陡升），登三角點處有兩條路徑可選擇，一是挑戰穿過竹叢林的捷徑，雖是捷徑，但需時而拉繩、時而找路，又需時而手腳並用地爬過倒木，適合喜愛挑戰冒險的人。另一選擇是需要上上下下走的林下小路，但在幾年前只有一項選擇，就是穿越竹叢林的捷徑。曲積山三角點平台腹地很大很平，可以搭十幾頂帳篷，在高大的殼斗科樹下又涼爽，缺點是沒水源，需自己揹水，也因為樹高大茂密而沒視野。

二〇二一年十一月七日參加旗美社大主辦，千里步道協會合辦的「曲積山手作步道」活動，學習清除路障、整理出路徑，再用鋸掉路徑上小樹樹幹，取適合長度當路階擋土，再以鋸出斜角

◀ 近曲積山三角點的林下小路　▶ 平台視野

曲積山下有民權國小／王春智 空拍

的短木槌入土裡固定，有的以撿拾路徑旁石塊，大小石塊堆疊嵌入土裡夯實，有的利用現有的樹根加以整理出路階步道，而鋸剩下的樹枝及倒木經整理搬至路徑旁加以固定，也可以減少土質流失及明確標示出路徑，留置路徑旁的小樹在修剪枝條後，正好可以當借力使力的扶手，經由當地居民和志工們合力完成就地取「柴」築出的登山步道，事後走起來心情也特別的愉悅。

過了桃、李種植區，路旁有採收竹筍的竹林區及原始林，如手臂般粗的血藤莖條攀繞在更高大的樹上，黃

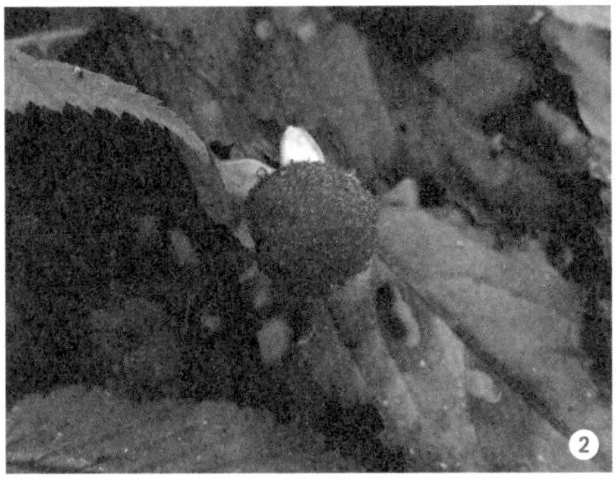

❶ 咬人貓
❷ 懸勾子
❸ 卡那卡那富族的山棕雨衣
❹ 冇骨消

藤也爬上好幾層樓高，路兩旁隨時都有蕁麻科的蠍子草和咬人貓需當心，也有可食用的糯米團、昭和草、茯苓草、假酸漿、山芹菜、多子漿果莧，以及紅通通、酸甜滋味的懸勾子果實可解饞；另葉面淡綠色具有白色蠟質的山芋，是卡那卡那富族人祝賀新生嬰兒誕生的賀禮。

可抽絲做衣服的苧麻、可做掃帚、屋頂、葉鞘製成蓑衣的山棕，卡那卡那富族會使用山棕葉編織雨衣和運用葉子釣蝦，其莖心也可食用。在河祭祭典時部分男丁將山棕雨衣穿在身上，離開河流時將其留在大石頭上做

記號，做為捕魚區的標示。取魚藤枝條槌出汁液來迷昏溪流魚蝦是卡那卡那富族人捕魚蝦的好幫手，昆蟲蜜源植物的冇骨消，是原住民最佳跌打損傷藥，早期將冇骨消燒燙或煮燙搓揉傷處，據說效果很好。

臺灣馬藍、廣葉軟葉蘭、裡白楤木、葛藤、碗仔花、華八仙、普萊氏月桃、倒地蜈蚣、百部、臺灣寶鐸、王爺葵（五爪金英）、日本商陸、美洲商陸、千金藤、盤龍木、伏石蕨、在這裡也可找到。仔細尋找也有土黨參（金錢豹果）、三奈、穗花蛇菰、高士佛上鬚蘭，近三角點的步道上也可撿到殼斗科的鬼石櫟、小西氏石櫟。

曲積山的生態豐富，植物多樣性，各種昆蟲包括蝶類、蝸牛也不少，上山可以放慢腳步，輕輕鬆鬆地觀察植物、昆蟲，走完十七個之字彎道後離三角點就不遠了，下山靜靜地走在步道上也可以聆聽不同鳥類悅耳的聲音，有小啄木、灰喉山椒、紅嘴黑鵯、綠繡眼，還有白耳畫眉鳥。

◀紅緣亮盾背椿象 ▶小青斑蝶 ▶盾蝸

海拔 1410 公尺的曲積山 / 王春智 空拍

走過莫拉克風災的那瑪夏，有的族人選擇外出打拚求生存，有的留下來重新整理家園，一點一點地恢復原貌，甚至努力改變得更好，傳統的文化要繼承保留並發揚光大，保護好自然的生態環境，創造源源不斷的觀光財，是我對那瑪夏的期許。

來到那瑪夏，不同的季節有著不同的風景生態，而到曲積山健走，就像進入開放式的自然生態博物館。

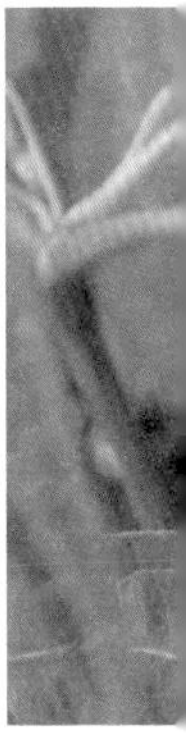

後記

三九五二～〇的生命大河——高屏溪流域踏查與書寫行動的初心與期待

王春智

◆一步一腳印，書寫臺灣流域面積最大的河川

源自高雄市北界玉山頂海拔三九五二公尺，終流至南境林園區入臺灣海峽海拔原點〇公尺，此一全長一七一公里、流域面積廣達三六二五平方公里的高屏溪水，是高雄屏東地區古老先民生活定居的依據，也是自然物種、生物生命賴以存活憑藉維生的基礎，她是生命之源，她是母親之河。

高雄第一社區大學自二〇一五年啟動「三九五二～〇的生命大河——高屏溪流域踏查與書寫行動」計畫，已經陸續從出海口高雄端向上踏溯，走讀林園、大寮、大樹、旗山、杉林與甲仙，進行人文歷史與自然資源的踏查。

從訪談採集，記錄書寫到規劃走讀路線作成記錄、完成各區電子書與摺頁的書寫。二

〇二二年完成踏查那瑪夏與楠梓仙溪源流的書寫，以及後續荖濃溪上溯區域的規劃，這八年來，踏查小組總是在春天擬訂計畫，夏天採訪踏查，秋天整理書寫，冬天出刊發表。我們的努力就像來自玉山峰頂融雪的涓滴細流，慢慢累積匯集，最大的期待是有天能為高屏溪注入一些生命活水。

◆縱與橫交錯，完善文化地圖

高屏溪加上流域中兩大主要溪流荖濃溪與楠梓仙溪的族群歷史、古道舊路、文化史蹟、地質地形、傳統技藝、產業、美食與自然生態等，都可規劃為一日行或二日行的旅遊地圖，甚且從三九五二公尺走向〇公尺；或由〇公尺攻上三九五二公尺的挑戰性壯遊，都將可推展成為區域中極佳的旅遊路線。

如果由府城往東的西拉雅和大武壠族遷徙路徑與必麒麟商業探險、馬雅各醫療傳教，和湯姆生濕版攝影的文化路徑，屬於橫向鏈結；則三九五二～〇的兩溪流域文化探索即可算是縱向穿越，期待未來橫與縱能雙向連結與共構，臺灣南部的文化地圖將更臻完善。

附錄

那瑪夏生態與民族植物、動物、魚類之學名 卡那卡那富族名／布農族名彙整

植物

臺灣百合
學名：*Lilium formosanum*
卡那卡那富族語：capaangana
布農族語（郡群）：pahuhu

臺灣藜
學名：*Chenopodium formosanum*
卡那卡那富族語：kuarʉ
布農族語（郡群）：mukun

粟（小米）
學名：*Setaria italica*
卡那卡那富族語：vina'ʉ
布農族語（郡群）：maduh

假酸漿
學名：*Trichodesma calycosum*
卡那卡那富族語：nasovun
布農族語（郡群）：balangbangaz

香蕉
學名：*Musa sapientum*
卡那卡那富族語：nivanga
布農族語（郡群）：bunbun

構樹
學名：*Broussonetia papyrifera*
卡那卡那富族語：narʉncunai karu
布農族語（郡群）：huna

麻竹
學名：*Dendrocalamus latiflorus*
卡那卡那富族語：kanavunavu
布農族語（郡群）：batakandain-gaz

芋頭

學名：*Ipomoea batatas*

卡那卡那富族語：tanɯkɯ

布農族語（郡群）：tai

有骨消

學名：*Sambucus chinensis*

卡那卡那富族語：nangpɯn karu

布農族語（郡群）：naza

山棕

學名：*Arenga tremula*

卡那卡那富族語：taruvuku

布農族語（郡群）：asik

臺灣魚藤

學名：*Millettia pachycarpa*

卡那卡那富族語：tuncu

布農族語（郡群）：valanu

黃藤

學名：*Calamus formosanus*

卡那卡那富族語：uai/ʼue

布農族語（郡群）：huaz

姑婆芋

學名：*Alocasia odora*

卡那卡那富族語：conu

布農族語（郡群）：ba-ial

羅氏鹽膚木（埔鹽）

學名：*Rhus chinensis*

卡那卡那富族語：ravau karu

布農族語（郡群）：halus

有骨消

臺灣魚藤

黃藤

姑婆芋

苧麻
學名：*Boehmeria nivea*
卡那卡那富族語：ra’u
布農族語（郡群）：liv

五節芒
學名：*Miscanthus floridulus*
卡那卡那富族語：capuku
布農族語（郡群）：padan

薄葉蜘蛛抱蛋
學名：*Aspidistra attenuata*
卡那卡那富族語：naracʉ
布農族語（郡群）：buhul

石菖蒲
學名：*Acorus gramineus*
卡那卡那富族語：caracʉ
布農族語（郡群）：ngaan/tuan-gaan

臺灣澤蘭
學名：*Eupatorium formosanum*
卡那卡那富族語：avirungai
布農族語（郡群）：laglisum

月桃
學名：*Alpinia zerumbet*
卡那卡那富族語：tapa
布農族語（郡群）：sizu

臺灣桂竹
學名：*Phyllostachys makinoi*
卡那卡那富族語：kapani
布農族語（郡群）：kangkunanan

臺灣山蘇（鳥巢蕨）
學名：*Asplenium nidus*
卡那卡那富族語：ravani
布農族語（郡群）：kanciahciah

過溝菜蕨（蕨貓）
學名：*Diplazium esculentum*
卡那卡那富族語：tariri
布農族語（郡群）：lili

筆筒樹（蛇木）
學名：*Cyathea lepifera*
卡那卡那富族語：carʉcarʉ
布農族語（郡群）：tanabas

臺灣芭蕉（山蕉）
學名：*Musa basjoo Siebold var. formosana*
卡那卡那富族語：tanvun mapa’ici
布農族語（郡群）：bunbunhanitu

木豆（樹豆）
學名：*Cajanus cajan*
卡那卡那富族語：’aricang
布農族語（郡群）：halidang

咬人貓
學名：*Urtica thunbergiana*
卡那卡那富族語：pini
布農族語（郡群）：salingza

小葉桑
學名：*Morus australis*
卡那卡那富族語：tanicʉ
布農族語（郡群）：pakaun

九芎
學名：*Lagerstroemia subcostata*
卡那卡那富族語：nʉcʉrʉ karu
布農族語（郡群）：natulun

臺灣欒樹
學名：*Koelreuteria henryi*
卡那卡那富族語：tapa'icin
布農族語（郡群）：lang'asun

樟樹
學名：*Cinnamomum camphora*
卡那卡那富族語：cakʉsʉ
布農族語（郡群）：dakus

紅楠
學名：*Machilus thunbergii*
卡那卡那富族語：nimua
布農族語（郡群）：buah'ikit

青剛櫟
學名：*Cyclobalanopsis glauca*
卡那卡那富族語：'aratipi
布農族語（郡群）：havutaz

愛玉子
學名：*Ficus pumila L. var. awkeotsang*
卡那卡那富族語：timpau
布農族語（郡群）：tabakai

血藤
學名：*Mucuna macrocarpa*
卡那卡那富族語：nupai
布農族語（郡群）：kan'ahil

裡白葉薯榔
學名：*Dioscorea matsudae*
卡那卡那富族語：siking
布農族語（郡群）：madumadu

茄冬
學名：*Bischofia javanica*
卡那卡那富族語：sʉrʉ karu
布農族語（郡群）：sual/lukisha-nitu

柿（柿子）
學名：*Diospyros kaki*
卡那卡那富族語：mʉngʉcʉ
布農族語（郡群）：halupaz

白茅
學名：*Imperata cylindrica*
卡那卡那富族語：ru'ʉ
布農族語（郡群）：liah

無患子（黃目子）
學名：*Sapindus mukorossii*
卡那卡那富族語：ca'u
布農族語（郡群）：dahudahu

食茱萸（紅刺楤）
學名：*Zanthoxylum ailanthoides*
卡那卡那富族語：tana'ʉ
布農族語（郡群）：tana

葛藤
學名：*Pueraria lobata*
卡那卡那富族語：cipunu（藤類）
布農族語（郡群）：valu（藤類）

血桐
學名：*Macaranga tanarius*
卡那卡那富族語：coru karu
布農族語（郡群）：tabuan

葛藤

動物

熊鷹（赫氏角鷹）
學名：*Nisaetus nipalensis*
卡那卡那富族語：takʉkʉ'ʉa
布農族語：kukuav

大冠鷲（蛇鵰）
學名：*Spilornis cheela*
卡那卡那富族語：takʉkʉ'ʉa
布農族語：laula

黃魚鴞
學名：*Ketupa flavipes*
卡那卡那富族語：kisʉrʉnga
布農族語：lapus'uh'uh

黃嘴角鴞
學名：*Otus spilocephalus*
卡那卡那富族語：pukataatia
布農族語：lapus'ang

褐林鴞
學名：*Strix leptogrammica*
卡那卡那富族語：'srinsi
布農族語：kikiling

領角鴞
學名：*Otus lettia*
卡那卡那富族名：puka
布農族名：ithuu

藍腹鷴（紅腳山雞）
學名：*Lophura swinhoii*
卡那卡那富族語：taruasʉ
布農族語：linas

臺灣竹雞
學名：*Bambusicola sonorivox*
卡那卡那富族語：tivukarʉ
布農族語：cikulas

繡眼畫眉（大目眶）
學名：*Alcippe morrisonia*
卡那卡那富族語：sisin
布農族語：hashas

冠羽畫眉
學名：*Yuhina brunneiceps*
卡那卡那富族語：nipu'u'ung
布農族語：kavaha

紅嘴黑鵯（紅嘴鵯仔）
學名：*Hypsipetes leucocephalus*
卡那卡那富族語：'aripangpangsunai
布農族語：haipis

紅嘴黑鵯

臺灣黑熊
學名：*Ursus thibetanus formosanus*
卡那卡那富族語：cumai
布農族語：tumaz

麝香貓（臭香貓）
學名：*Viverra zibetha*
卡那卡那富族語：tamcuru ngiau
布農族語：kukungnaung

白鼻心（果子狸）
學名：*Paguma larvata*
卡那卡那富族語：tamkararam
布農族語：kukungmaibabu

食蟹獴（棕簑貓）
學名：*Herpestes urva*
卡那卡那富族語：tamcuru apasʉ/taruvavurun
布農族語：kukungvanis

鼬獾
學名：*Melogale moschata subaurantiaca*
卡那卡那富族語：tapukakari
布農族語：kukunghansu

黃喉貂（羌仔虎）
學名：*Martes flavigula*
卡那卡那富族語：tamcuruaka
布農族語：sinapsakut

臺灣野豬（山豬）
學名：*Sus scrofa taivanus*
卡那卡那富族語：vavuru
布農族語：vanis/takilimun

臺灣水鹿
學名：*Rusa unicolor swinhoii*
卡那卡那富族語：vutunu/vutuun
布農族語：hanvang ngabul

臺灣山羌（羌仔）
學名：*Muntiacus reevesi micrurus*
卡那卡那富族語：to'urung
布農族語：sakut

臺灣野山羊（臺灣長鬃山羊）
學名：*Capricornis swinhoei*
卡那卡那富族語：takuisi 'iti'ita
布農族語：sidi

小鼯鼠
學名：*Belomys pearsonii kaleensis*
卡那卡那富族語：rarʉma'ura
布農族語：pasihuhua

白面鼯鼠
學名：*Petaurista alborufus*
卡那卡那富族語：rarʉ tapunia
布農族語：aralduhlas

大赤鼯鼠
學名：*Petaurista philippensis*
卡那卡那富族語：rarʉ masinang
布農族語：avaldanghas

臺灣獼猴
學名：*Macaca cyclopis*
卡那卡那富族語：ngʉkau
布農族語：utung

穿山甲（Tâi-oân lâ-lí）
學名：*Manis pentadactyla pentadactyla*
卡那卡那富族語：kaniarumi
布農族語：halum

臺灣野兔
學名：*Lepus sinensis formosus*
卡那卡那富族語：rituka
布農族語：autuk/takulis

百步蛇
學名：*Deinagkistrodon acutus*
卡那卡那富族語：vunai tamu
布農族語：kaviaz/havit

赤尾青竹絲（赤尾鮐）
學名：*Trimeresurus stejnegeri*
卡那卡那富族語：tansavʉrʉ
布農族語：haliv'ikul

魚類

臺灣石𩼧
學名：*Acrossocheilus paradoxus*
卡那卡那富族語：ci'au
布農族語：suzukbungu
俗名：石斑、石𩼧、秋斑

何氏棘鲃（魞）
學名：*Spinibarbus hollandi*
卡那卡那富族語：sukasʉ
俗名：更仔、留仔、捲仔

臺灣鬚鱲
學名：*Candidia barbata*
卡那卡那富族語：sangura'ʉ
布農族語：danghasvahvah
俗名：臺灣馬口魚、一枝花、山鰱仔

高屏馬口鱲
學名：*Opsariichthys kaopingensis*
卡那卡那富族語：varanvange
俗名：溪哥仔（幼魚及雌魚）、紅貓（雄）、苦粗仔

臺灣白甲魚
學名：*Onychostoma barbatulus*
卡那卡那富族語：saiian
布農族語：iskaanpais
俗名：鯝魚、苦花魚、苦偎、齊頭偎、苦魚、臺灣鏟頷魚

高身白甲魚
學名：*Onychostoma alticorpus*
卡那卡那富族語：'apana.tapunia
布農族語：langhaaz
俗名：高身鯝魚、鮸仔、赦鮸、高身鏟頷魚、高體白甲魚

南臺吻鰕虎
學名：*Rhinogobius nantaiensis*
卡那卡那富族語：tanuki
布農族語：papituhaz
俗名：苦甘仔

臺灣間爬岩鰍
學名：*Hemimyzon formosanum*
卡那卡那富族語：supinarʉ
布農族語：sasupilaz
俗名：石貼仔、臺灣間吸鰍、臺灣石爬子

粗糙沼蝦
學名：*Macrobrachium asperulum*
卡那卡那富族語：arasakai
俗名：溪蝦、黑殼沼蝦

蔡氏澤蟹
學名：*Geothelphusa tsayae*
卡那卡那富族語：'apasʉ

參考資料

前言

1. 高雄市政府農業局 楠梓仙溪重要濕地基礎調查 成果報告 107.10
https://wetland-tw.tcd.gov.tw/upload/file/20190521161827912.pdf

2. 高雄市政府農業局 楠梓仙溪重要濕地(國家級)基礎調查 成果報告-108.11
https://orgws.kcg.gov.tw/001/KcgOrgUploadFiles/329/relfile/72829/183080/0d85397c-da35-4cfa-a384-658a5466693b.pdf

3. 高雄市那瑪夏區楠梓仙溪野生動物保護區保育計畫 109.3.2
https://agri.kcg.gov.tw/FileDownLoad/FileUpload/20200420112615398394.pdf

4. 曾文水庫越域引水工程計畫
https://www.wrasb.gov.tw/business/business01Tzeng.aspx?no=14&ShowNo=117&no2=106&no3=43&wid=131

那瑪夏詩篇一

住在麻竹很多的地方——卡那卡那富族神話傳說

1.《卡那卡那富部落史》陳英杰、周如萍著

2.《原住民族語高級教材 文化篇—卡那卡那富語》

3.《看見卡那卡那富族植物》翁坤等口述／劉正元等撰文

4.臺灣原住民族資訊資源網—認識原住民
http://www.tipp.org.tw/aborigines_info.asp?A_ID=18&AC_No=7

5.《臺灣原住民曹族卡那卡那富專輯》余瑞明主編
資料來源：國家圖書館 臺灣記憶 https://tm.ncl.edu.tw/
https://tm.ncl.edu.tw/article?u=022_002_00001858&lang=chn

6.原住民族語言線上辭典
http://210.61.148.53/index

7.從年出口 6 萬張穿山甲皮，到保育模範生—臺灣穿山甲保育之路
https://www.pangolinreports.com/taiwan-pangolin-conservation/

拉蒙岸的葫蘆與陶鍋——布農族的神話傳說

1.《蕃族調查報告書》武崙族（布農族）前篇 佐山融吉 著
2.《布農族神話與傳說》田哲益、全妙雲 合著
3. 方有水、印莉敏《布農》〈布農族人洪水的傳說〉
4.《原語による臺灣高砂族傳說集》小川義尚.淺井惠倫著（1935），余萬居 譯
5. 陳千武譯述《臺灣原住民的母語傳說》載卡特格蘭社、人倫社、伊巴荷社傳說
6. 余錦虎、歐陽玉《神話・祭儀・布農人》〈兩個太陽〉〈太陽變月亮〉
7.《生蕃傳說集》佐山融吉、大西壽著（1923），余萬居 譯
8. 方有水、印莉敏《布農》〈兩個太陽的故事〉
9. 方有水、印莉敏《布農》〈癩蛤蟆與人的故事〉
10. 田哲益《布農族口傳神話傳說》

11.《走過時空的月亮》林太、李文甦、林聖賢 合著

12. 余錦虎、歐陽玉《神話・祭儀・布農人》〈天神的警告〉

13.《卡那卡那富部落史》陳英杰、周如萍 合著

秋涼小米豐收——米貢祭 mikong

1. 余瑞明《臺灣原住民曹族-卡那卡那富專輯》1997年，三民鄉公所出版

2. 陳英杰、周如萍《卡那卡那富部落史》2006年，國史館／原住民族委員會／國史館臺灣文獻館出版

3. 翁博學發行《卡那卡那富米貢祭》2012年，臺灣卡那卡那富文教發展促進會出版

4. 洪國勝發行《高雄市原鄉傳統童謠99首》2012年，高雄市臺灣山地文化研究會出版

5. 原住民族委員會，教育部發行《原住民族語高級教材文化篇Kanakanavu卡那卡那富語》2017年出版

6. 劉正元、阿布娪、卡阿斐依亞那、邱碧華、闕妙芬《看見卡那卡那富植物》2020年，高雄市原住民婦女永續發展協會出版

7. 原住民族語言線上辭典 https://e-dictionary.ilrdf.org.tw/

敬天愛地——河祭 Kaisisi Cakʉran

1. 余瑞明《臺灣原住民曹族-卡那卡那富專輯》1997年，三民鄉公所出版

2. 余瑞明《〝卡那卡那富〞鄉土誌-高雄縣楠梓仙溪資源解說手冊》2002年，行政院農業委員會特有生物研究保育中心出版

3. 陳英杰、周如萍《卡那卡那富部落史》2006年，國史館／原住民族委員會／國史館臺灣文獻館出版

4. 劉正元、阿布娪、卡阿斐依亞那、邱碧華、闕妙芬《看見卡那卡那富植物》2020年，高雄市原住民婦女永續發展協會出版

5. 林曜同〈文化復振與族群認同：論卡那卡那富尋根之旅與河祭的認同意涵〉2013年，《臺灣文獻》64（3）：115-148

那瑪夏詩篇二

詩人與獵人——布農族詩人卜袞 Bukun

1.《百年新詩》第九十七章 觀念與想像／卜袞的布農族語詩章 文／黃粱
https://huangliangpoem. blogspot.com/2020/11/blog-post_86.html

2.林務局-屏東林區管理處「那瑪夏區傳統狩獵文化協會成立 跨出自然資源共管的一大步」
https://pingtung.forest.gov.tw/all-news/0067011

陶藝家海舒兒李文廣

1.布農語對人名的叫法《原教界二〇一四年10月號59期》
https://alcd-web.s3-ap-northeast-1.amazonaws.com/uploads/2017/12/03/91201b0478142689f8fa8a9fe02a5369.pdf

2.公共電視「請問貴姓」介紹布農族同名者不分輩分互稱為Ala
http://web.pts.org.tw/~web02/name/p3.htm

3. 三顆石頭可架設三石灶，在原住民族家屋中形成長年不滅的火塘，取自「石灶的智慧與意義」《臺灣原YOUNG雙月刊》No.96期，頁28
https://alilin.cip.gov.tw/files/ebook/619958054629482d17aac8/mobile/index.html#p=31

4. 臺灣原住民故事：動畫藝術元件資料庫
https://indigen.moc.gov.tw/home/zh-tw/home/18529

5. 布農族成年禮（原高雄縣今高雄市自然史教育館~原住民館）
http://dm.kyu.edu.tw/4f/4fb2-4.htm

那瑪夏詩篇三

溪流中的綠寶「水綿」

1. 原民電台-台東成功都歷居民採水綿影片2018.01.18

2. 「英國攝影家湯姆生1871臺灣線性文化遺產」湯姆生文化路徑野菜綿延105公里／游永福

那瑪夏詩篇四

扎扎瓦與昂布樂格

1. 部落野菜食在健康
http://fresh.ownlines.com/inside.php?oi=35

2. 卡那卡那富族協作平台
https://sites.google.com/site/50728kanakanafuzu/home/yin-shi

3. 卡那卡那富族傳統智慧創作保護共同基金管理委員會
https://m.facebook.com/story.php?story_fbid=pfbid02gfiGDqfrkaLYmqR7SbBriKggd7kEYJEPyaNchGLpBkvMZM4YcwcEHT8j3Axa1NzLl&id=103715131241070

附錄

那瑪夏生態與民族植物、魚類、動物之學名
卡那卡那富族名／布農族名彙整

1.原住民族線上辭典
https://e-dictionary.ilrdf.org.tw/index.htm

2.原住民族語言研究發展中心族語千詞表
http://ilrdc.tw/research/athousand/area16.php

3.2019年，走訪那瑪夏，國立屏東科技大學野生動物保育研究所
https://fliphtml5.com/zhuax/apkb/basic

4.卡那卡那富族民族植物，國立高雄師範大學語言與文化學士原住民專班，ISBN：978-986-98517-9-4。

5.特生中心–臺灣野生植物資料庫

6.臺灣野生植物資料庫–臺灣野生植物資料庫（tbn.org.tw）

7. 臺灣生命大百科 https://taieol.tw/about
8. 臺灣生命大百科 https://taieol.tw/about
9. 臺灣物種名錄 https://taibnet.sinica.edu.tw/home.php

那瑪夏風情——繪圖集錦

夢占 & Cina Cuma / 柯玉瓊 繪

分享包 / 柯玉瓊 繪

那瑪夏溪與魚 / 林貴香 繪

卜滾 / 柯玉瓊 繪

普萊氏月桃／柯玉瓊繪

曲積山 / 柯玉瓊 繪

布農族〈祈禱小米豐收之歌〉/ 柯玉瓊 繪

西那雜貨店 / 柯玉瓊 繪

聖鳥銜火 / 柯玉瓊 繪

拉阿魯哇的傳統服飾畫像 / 林貴香 繪

河祭 / 柯玉瓊 繪

射耳祭 / 柯玉瓊 繪

祭壇與雜糧 / 柯玉瓊 繪

雨季的都朴魯安橋下溪谷 / 柯玉瓊 繪

BS6025

看見那瑪夏

作者——高雄第一社區大學自然生態社
文稿統籌——蕭秀琴
文字&攝影——那瑪夏踏查小組：王春智、冷梅英、呂癸未、林貴香、林靜莉、柯玉瓊、吳靜鴻、郭清祥、簡竹君、陳桂英、陳麗年、劉嘉蓮、李永昌、陳春發、林月霞、顏歸真、洪祐圻

責任編輯——何若文
特約編輯——連秋香
美術設計——謝富智
版權——吳亭儀、江欣瑜、林易萱
行銷業務——周佑潔、賴玉嵐、賴正祐

總編輯——何宜珍
總經理——彭之琬
事業群總經理——黃淑貞
發行人——何飛鵬
法律顧問——元禾法律事務所 王子文律師
出版——商周出版
台北市中山區民生東路二段141號9樓
電話：(02) 2500-7008 傳真：(02) 2500-7759
E-mail：bwp.service@cite.com.tw
Blog：http://bwp25007008.pixnet.net./blog
發行——英屬蓋曼群島商家庭傳媒股份有限公司城邦分公司
台北市104中山區民生東路二段141號2樓
書虫客服專線：(02)2500-7718、(02) 2500-7719
服務時間：週一至週五上午09:30-12:00；下午13:30-17:00
24小時傳真專線：(02) 2500-1990；(02) 2500-1991
劃撥帳號：19863813　戶名：書虫股份有限公司
讀者服務信箱：service@readingclub.com.tw
城邦讀書花園：www.cite.com.tw
香港發行所——城邦（香港）出版集團有限公司
——香港九龍九龍城土瓜灣道86號順聯工業大廈6樓A室
電話：(852) 25086231傳真：(852) 25789337
E-mailL：hkcite@biznetvigator.com
馬新發行所——城邦(馬新)出版集團【Cité (M) Sdn. Bhd】
41, Jalan Radin Anum, Bandar Baru Sri Petaling,
57000 Kuala Lumpur, Malaysia.
電話：(603)90578822　傳真：(603)90576622
E-mail：cite@cite.com.my

封面設計——copy
印刷——卡樂彩色製版印刷有限公司
經銷商——聯合發行股份有限公司　電話：(02)2917-8022　傳真：(02)2911-0053

2023年11月21日初版　Printed in Taiwan　城邦讀書花園 www.cite.com.tw
定價450元　
ISBN 978-626-318-934-8
ISBN 978-626-318-932-4（EPUB）

國家圖書館出版品預行編目（CIP）資料

看見那瑪夏/高雄第一社區大學自然生態社著. -- 初版. --
臺北市：商周出版：英屬蓋曼群島商家庭傳媒股份有限公司城邦分公司發行,
民112.11　248面；17*23公分　ISBN 978-626-318-934-8(平裝)
1. CST：歷史　2. CST：人文地理　3. CST：高雄市那瑪夏區　733.9/133.9/103.2　112018387

達卡努瓦里
Takanua
楠梓仙溪
溪
神社
民生國小
那瑪夏行篤心
花兒咖啡
伊斯坦站
秀山領巷
西那商店
民生教會
達卡努瓦派出所
達卡努瓦橋
德恩橋
達卡努瓦溪
(五權溪)

Namasia
嘉義縣
阿里山鄉
阿里山山脈
玉山山脈
楠梓仙溪
達卡努瓦里
瑪雅里
南沙魯里
卓武山
茶山
那次蘭溪
老人溪
紅花子
高雄市
桃源區
高雄市
甲仙區
美麗的那瑪夏
族群融合
那瑪夏全區圖
N